나를 빚어 세상을 채운다

**나를 빚어 세상을 채운다**

**초판 1쇄 발행** | 2025년 10월 3일

**지은이** | 임홍섭
**펴낸이** | 이한민
**펴낸곳** | 아르카

**등록번호** | 제307-2017-18호
**등록일자** | 2017년 3월 22일
**주　소** | 서울 성북구 숭인로2길 61 길음동부센트레빌 106-1805
**전　화** | 010-9510-7383
**이 메 일** | arca_pub@naver.com

**홈페이지** | www.arca.kr
**블 로 그** | arca_pub.blog.me
**페이스북** | fb.me/ARCApulishing
**총　판** | 비전북

ⓒ 임홍섭, 저자와의 협약으로 인지는 생략되었습니다.
이 출판물은 저작권법에 의해 보호받는 저작물이므로 무단 전재와 무단 복제를 할 수 없습니다.
이 책 내용의 일부 또는 전부를 재사용하려면 반드시 저자와 출판사의 동의를 얻어야 합니다.
잘못 만들어진 책은 구입하신 서점에서 교환해 드립니다.

**책　값** | 뒤표지에 있습니다
**I S B N** | 979-11-89393-46-5  03230

아르카ARCA는 기독출판사이며 방주ARK의 라틴어입니다(창 6:15).
네가 만들 방주는 이러하니 ··· 새가 그 종류대로, 가축이 그 종류대로,
땅에 기는 모든 것이 그 종류대로 각기 둘씩 네게로 나아오리니 그 생명을 보존하게 하라 _창 6:15,20

So, Why Not
Change The
World?

이러면 왜 세상을 못 바꾸겠는가?

나를
빚어
세상을
채운다

임흥섭 지음

아르카

## 추천의 글

**이재훈 목사** 온누리교회, 한동대학교 이사장

세상을 변화시켜 보겠다고 선언한 이들은 많으나, 실상 그들에 의해 세상이 변화된 모습은 찾아보기 어렵습니다. 자신을 변화시키는 데 실패한 이들을 통해서는 세상이 변화되지 않기 때문입니다. 《나를 빚어 세상을 채운다》는 세상을 바꾸기 전에 먼저 내 안의 세상을 어루만지는 데서 변화가 시작된다는 깊은 진리를 다양한 삶의 이야기를 통해 담아낸 책입니다. 내면의 회복이 곧 세상을 향한 사랑으로 이어질 수 있다는 사실을, 저자의 학문적 이론에 다양한 영역에서 경험한 이야기를 촉매제로 하여 따뜻하고 섬세한 언어로 설명합니다. 이 책에는 사회에서 늘 언급되는 리더십 이론의 식상한 원리는 등장하지 않습니다. 그러나, 이 책을 읽어가다 보면 진정한 리더의 자질이 무엇인지 체득하게 됩니다.

이 책은 한동대학교의 영적 모토인 'Why not change the world?'(왜 세상을 못 바꾸겠는가?)라는 질문에 대한 답들 가운데에서 적어도 하나의 답을 찾을 수 있는 책입니다. 임홍섭 교수님이 한동대학교 교수로 부임하여 이 질문을 처음 듣고서 쓴 것이 아닙니다. 여러 사역을 통해 삶으로 이미 답하고 있던 것을 이제야 정리한 것입니다. 임 교수님은 선교사, 담임목사, 상담가, 교수

등 다양한 사역의 경험을 통해 하나님께 쓰임받고 있는 분입니다. 한 사람의 생애에서 이토록 다양한 체험과 사역이 가능하다는 것이 놀랍습니다. 멈출 수 없는 열정으로 달려온 그의 생애에서 체험하고 발견한 원리들이 이 책에 잘 정리되어 있습니다.

이 책의 제목부터 소제목까지 모두 명확한 메시지를 담고 있지만, 각 장에서 부제목처럼 등장하는 영어 단어들이 특히 중요합니다. 연습하기(Practicing), 치유하기(Healing), 경청하기(Listening), 품어주기(Including)와 같은 동명사들에는 책의 내용을 기억하게 해주는 묘미가 있습니다.

제가 이 책에서 마음에 와닿은 소중한 한 문장은 다음과 같습니다. "자신을 찾는 가장 좋은 방법은 다른 사람들을 섬기면서 자신을 잃는 것이다." 성경적 리더십의 중요한 원리를 품고 있는 문장입니다. 자기를 부인하고 예수님을 따르는 이들만이 진정으로 세상을 변화시킬 수 있기 때문입니다. 이 책을 통해 많은 젊은이들이 하나님의 사람으로 깨어나기를 소원하며, 이 책을 추천합니다.

**유기성 목사** 예수동행 대표, 선한목자교회 원로

좋은 책을 만나는 것은 인생에서 누릴 수 있는 몇 안 되는 소중한 기쁨 중 하나입니다. 이 책은 'Why not change the world?'라는 질문을 중심으로 개인의 성장과 삶의 태도를 재정의하며, 세상을 밝히는 리더로 거듭나는 길을 제시합니다. 자기 계발의 메시지와 더불어, 상담적 접근, 자아 회복, 리더십의 핵심 덕목까지 아우르는 다양한 분야의 내용이 통합적으로 담겨 있습니다.

저자 임흥섭 목사는 선교사이자 상담 사역자이며, 특히 다음세대를 세우는 일에 깊은 열정을 가진 탁월한 목회자입니다. 그는 과거에 선교사로 활동하다가 추방당한 경험을 통해 사역의 깊이를 더했고, 국제한인유학생수련회(KOSTA) 강사, 다민족 청년공동체와 노아라이프코칭센터의 대표로 섬기며, 이제는 한동대학교 교수로도 활동하고 있습니다. 대학생 시절 워싱턴 센터에서의 인턴십 경험을 바탕으로, 미국의 정계, 법계, 교육계 지도자들과 교류하며 배운 리더십을 다음세대를 위한 사역에 녹여내고 있습니다.

이 책은 복잡하고 무거운 주제를 다루면서도, 누구나 쉽게 읽을 수 있도록 서정적이고 감성적인 문체로 풀어내고 있습니다.

곳곳에 담긴 저자의 간증과 실제 사역의 이야기는 독자에게 깊은 공감을 불러일으키며, 영적 성장과 치유를 이루게 합니다. 독자들은 책을 읽으며 자기의 현실적인 문제들이 다뤄지는 것을 경험하고 해결의 실마리를 발견하면서, 속 시원함과 변화를 느끼게 될 것입니다.

이 책은 우리가 그리스도인으로서 온전히 서기 위해 어떤 삶을 살아야 하는지를 구체적이고 깊이 있는 통찰로 안내해 줍니다. 나아가, 이 책은 개인의 내면 치유에서 외적인 리더십의 실천까지, 전인적 성장을 돕는 특별한 책이라고 할 수 있습니다. 각 장마다 구체적인 실천 방안을 제시하여, 독자들이 일상에서 즉시 변화를 경험할 수 있도록 돕습니다. 그래서 이 책은 청년 대학생과 청장년을 포함해, 상담가, 단체의 영적 리더, 개인적 성장을 원하는 모든 연령층의 독자들에게 적합합니다. 특히 그리스도인의 인격 형성을 돕는 성경 공부 교재로 활용하기에도 탁월한 자료입니다. 삶의 목적을 진지하게 묻고 답을 찾고자 하는 모든 이들에게 이 책을 진심으로 추천합니다.

**박은조** 한동대학교 교목실장, 글로벌문도하우스 원장

　한동대학교 정문을 들어서면 오른쪽에 보이는 첫 건물이 예배당입니다. 그 외벽에, 학교에 들어서는 사람은 누구나 볼 수 있게 이 글귀를 붙여 놓았습니다. 'Why not change the world?' 한동대학이 설립된 이후 30년 동안 한동인들이 가슴에 품은, 하나님이 주신 도전의 말씀입니다. 그런데 가만히 생각해보면, 자기 안의 작은 습관 하나 바꾸는 일도 쉽지 않은 우리잖아요. 그런 우리가 세상을 바꾼다니, 정말 가능한 일일까요? 솔직히 말하면, 우리 힘만으로는 불가능에 가깝지 않을까요?

　세상을 바꾸는 일은 결코 우리가 할 수 있는 일이 아닙니다. 다만 임홍섭 교수는 하나님께서 이 일을 위해 자신을 어떻게 빚어오셨는지를, 그리고 그리스도 안에서 변화된 자신을 주께서 어두운 세상을 위해 어떻게 쓰고 계신지를, 단순한 말이 아니라 자신의 생생한 삶의 경험을 통해 증언하고 있습니다.

　오늘도 하나님은 우리의 삶 속에 들어오고 싶어 하십니다. 저자의 글을 읽으면서, 오늘도 우리를 새롭게 빚으시고 병든 세상을 위해 사용하고 싶어 하시는 주님을 새롭게 만나, 새로운 길을 걷는 분들이 많아지기를 바라면서 이 추천의 글을 씁니다.

**이규현 목사** 수영로교회

　세상에선 치열한 사다리 타기 게임이 벌어집니다. 저마다 열심히 사다리를 오르려 하지만, 모두가 정상에 올라가도록 허용되지는 않습니다. 경쟁이 치열합니다. 많은 사람이 좌절하고 포기합니다. 비록 정상에 올랐다 해도, 어느 순간 자신이 오르고자 한 곳이 아니라는 것을 발견합니다. 그래서 충분한 내면의 준비 없이 목표 설정을 잘못하면 자신의 삶을 더 비참하게 만듭니다. 꿈이 없는 것이 문제가 아닙니다. 잘못된 꿈이 더 심각합니다.

　요즘엔 자신을 있는 그대로 사랑하지 못하고, 자꾸만 작아진 마음으로 하루하루를 버티며 살아가는 사람들이 참 많습니다. 이 책은 더 높이 올라가려는 야망보다, 누군가를 따뜻하게 섬기며 자신을 성장시키고 싶은 이들에게 깊은 위로와 실제적인 동기부여를 선물해 줍니다.

　저자는 자기 성장과 리더는 분리될 수 없음을 강조합니다. 자기 성장을 통해 세상을 변화시키는 리더십을 갖추도록 이끌어주고자 하는 저자의 열정이 이 책 안에 오롯이 담겨 있습니다.

**오대식 목사** 높은뜻덕소교회

　팬데믹을 겪은 이후 인간의 행복과 건강한 정신을 다룬 책들이 시중에 쏟아져 나오고 있습니다. 이는 예측조차 하기 어려운 포스트 팬데믹 시대를 살아가는 많은 사람들이 정신적, 육체적 질환으로 어려움을 겪고 있다는 현실을 반영합니다. 하지만 독자 입장에서 보면 약간 아쉬운 점이 있습니다. 대부분의 책들이 한쪽으로 치우쳐 있다는 것입니다. 어떤 책은 과학적이거나 의학적인 접근에만 초점을 맞추고, 또 어떤 책은 지나치게 신앙적인 해결에만 의존합니다. 만약 이 두 가지 접근이 조화를 이루어 우리 내면의 문제를 다룰 수 있다면, 훨씬 많은 이들이 도움을 받을 수 있을 것입니다.

　저자는 목사이자 전문 상담가로서, 오랜 목회 경험과 병원 임상, 상담실 운영, 그리고 청년 사역을 통해 얻은 사례들을 이 책에 담았습니다. 우리가 자신을 빚어 행복한 삶을 만들어가는 데에서는 과학과 신앙의 어느 한쪽도 간과할 수 없는 중요한 부분임을 강조하며, 이 두 가지를 통합적으로 다루는 전문가가 있다는 사실에 감사함을 느낍니다. 저자는 우리 삶의 중심에 있는 '관계' 속에서 불행이 시작되는 지점을 섬세하게 짚어주며, 그리스도인으

로서 진정한 행복을 향해 나아가기 위해, 우리가 한번 더 돌아보며 마음 써야 할 방향을 따뜻하게 안내합니다.

특히, 같은 재료를 사용하더라도 빵의 맛과 품질이 빵을 굽는 사람의 손길에 따라 다르게 만들어질 수 있다는 파티시에의 비유는 이 책이 전달하고자 하는 핵심 메시지 중 하나입니다. 같은 재료로 전혀 다른 결과물을 만들어낼 수 있다는 설명은 지치고 절망에 빠진 현대인들에게 커다란 위로와 영감을 선사합니다. '내 인격의 재료를 바꿔야 할까? 아니면 처음부터 다시 시작해야 할까?'라는 고민에 빠져 있는 분들에게 꼭 추천하고 싶은 책입니다.

*So, Why Not Change The World?*

## Contents

추천의 글 004
| 프롤로그 | 나를 빚으면, 왜 세상을 못 바꾸겠는가? 014

chapter 1 — 연습하기 *Practicing*
: 시작과 끝, 삶의 모든 순간에 충실하기 020

chapter 2 — 치유하기 *Healing*
: 내 상처를 고백하고, 우리의 치유자 되기 036

chapter 3 — 경청하기 *Listening*
: 내 마음을 열고, 네 마음을 듣기 062

chapter 4 — 품어주기 *Including*
: '우리와 그들'은 없고, '우리'만 있기 081

chapter 5 — 변호하기 *Advocating*
: '그를 위해서'뿐 아니라, '그와 함께' 하기 094

chapter 6 — 공의롭기 *Equalizing*
: 땅에서도 하늘에서 하는 것처럼 대하기 117

chapter 7 — 실패하기 *Failing*
: 방향을 바로잡는 실습의 기회로 삼기 131

chapter 8 — 축하하기 *Celebrating*
: 고난 속에서 발견한 희망을 기억하기 163

chapter 9 — 빚어내기 *Embodying*
: 인격으로 나를 빚어 세상을 품으며 살기 184

에필로그 | 시간 속에서 빚어진 나, 세상을 채우는 중심이 되다 221

프롤로그

# 나를 빚으면,
# 왜 세상을 못 바꾸겠는가?

'Why not change the world?'
이 질문은 구호 같기도 하지만, 우리 삶에 깊은 도전을 던지는 상징적인 질문입니다. 우리가 무력감과 자기비하에 빠질 때 다시 일어설 용기를 북돋워 줄 뿐 아니라, 세속적 성공이나 막연한 꿈을 넘어 하나님과 동행하며, 그분의 뜻에 합당한 삶을 살아가도록 고민하게 만듭니다. 우리의 시야를 넓히고, 삶의 목적을 새롭게 정의하도록 도전합니다. 궁극적으로 하나님 나라를 이 땅 위에 실현하기 위해, 변화의 삶을 살아가도록 우리를 초대합니다.

그런데, 우리는 삶의 여정에서 종종, 자신의 부족과 실패를 마주합니다. 때로는 관계에서 상처받으며, 자존감을 상실합니다.

자신의 가치를 평가절하하고, 좌절하여 쓰러집니다. 그러나, 우리의 가치는 성과나 완벽이 결정하는 것이 아닙니다. 하나님의 성품을 따라, 사랑과 은혜 안에서 결정됩니다.

사실 예수님의 삶 또한 완벽하게 빠르지도 효율적이지도 않았습니다. 그러나 그분의 삶과 사역에는 깊이 심긴 하나님 나라의 진리가 있었습니다. 우리 역시 완벽을 추구하기보다, 넘어지고 다시 일어서는 연습 속에서 세상을 이겨나가며, 자신을 빚어가는 과정이 중요합니다. 그 과정에서 우리의 내면은 단단해지고, 삶의 태도는 성숙해집니다.

나는 당신과 마찬가지로, 인생의 여러 지점에서 다양한 사람들을 만났습니다. 사람들을 만날 때마다 그들의 리더십을 관찰했습니다. 내면이 단단히 다져져 인격적으로 성숙한 이들은 주변에 선한 영향력을 끼쳤습니다. 반면, 높은 지위를 가졌음에도 내면은 공허해서, 주변에 상처를 주는 사람도 있었습니다. 이런 만남의 경험을 통해, 사람과 세상을 변화시키는 진정한 리더십은 인격적인 삶의 태도와 내면에서 비롯된다는 사실을 깨달았습니다.

사람과 세상은 강압적인 명령으로 변하지 않습니다. 사람과 세상의 진정한 변화는 사랑과 섬김에서 시작됩니다. 사람이 더 나아지고, 세상 또한 더 나아지도록 하는 변화는 사랑과 섬김이라는 우리들의 작은 노력을 통해 자연스럽게 이뤄지는 것입니다. 그런 점에서 당신의 변화와 성장이 중요합니다. 당신의 성숙은 섬김으로 이어질 것이고, 그래야 리더라고 불릴 것이기 때문입니다. 그러므로, 자기 내면의 변화와 성장을 위해 하루하루를 성실하게 준비하며 사는 사람은 그 자체로 이미 세상에 선한 영향력을 발휘하는 리더입니다.

그런데, 세상은 종종 우리를 작고 하찮은 존재로 여기게 합니다. "너는 아무것도 아니기에 리더가 될 수 없어"라고 속삭이는 가스라이팅으로 억압하고 조종합니다. 그리하여 절망으로 몰아 넣기도 합니다. 그러나 나는 당신이 하나님께서 고유한 사명을 부여하신 특별한 존재라는 걸 잘 압니다. 당신의 삶은 두려움과 억압이 아니라 능력과 축복, 사랑과 권능, 섬김의 은혜에서 시작되었습니다. 그런 당신이 자기의 삶에서 누군가를 격려하고 다른 사람들의 삶을 채워주고 있다면, 당신은 이미 리더의 여정을 걷고 있는 겁니다. 당신의 작은 섬김과 사랑의 실천이 모여 세상을 움직이는 물결을 만들고 있다면, 당신이 이미 리더입니다.

이제는 검색 이상으로 물음이 많아진 시대입니다. 기술이 인간을 대신하고, 속도가 가치를 앞서며, 관계마저 알고리즘에 의해 필터링되는 AI의 세상에서 우리는 묻습니다.

"나는 어떤 사람으로 살아가야 하는가?"

"어떤 사람이 진짜 리더인가?"

지금은 AI 시대입니다. 스타트업이 주목받고, 어느 때보다 혁신을 외치는 시대입니다. 그러나 이면에는 외롭고 소외된 자들이

프롤로그

점점 많아집니다. 이런 시대는 단순히 똑똑한 사람이 아니라, 한 손으로는 소외된 이들의 손을 잡고, 한손으로는 어두운 곳을 향해 등불을 들고서 걸어가는 사람, 인격의 깊이가 있는 사람을 리더로 요구합니다. 그러므로 이런 시대의 리더는 힘과 권력을 가지고 높은 지위에 있는 특정한 사람을 칭하지 않습니다. 내면의 성숙을 통해 주변에 빛을 비추고 긍정적인 변화를 일으키며, 공동체를 위해 올바른 결정을 내리면서도 사람을 돌보고 섬기는 사람이어야 합니다. 지금처럼 기술이 빠르게 발전하고 자동화가 많은 영역을 대체하는 AI 시대일수록, 새로운 리더십은 전통적인 리더십의 모델을 넘어 인간다움(humanness)을 회복하고, 인간을 창조하신 하나님과 그분께서 창조하신 형상을 중심에 두는 방향으로 변화되어야 합니다. 당신에게 그런 지도력이 있는지는 당신이 일상에서 내리는 결정과 선택, 관계와 대화를 통해 증명될 것입니다.

특별히 이 시대의 리더는 인성과 인격, 즉 도덕적 신뢰성과 공감력과 진정성을 중심으로 한 지도력을 발휘해야 합니다. 인격은 기술보다 오래갑니다. 인성과 인격은 우리가 하나님의 자녀로서 살아갈 때 매우 중요한 덕목이기도 합니다. 이런 사람이 되려면 우선 자신을 빚어야 합니다. 자신을 빚는다는 것은 인성과 인격을 빚는 것이며, 결국 세상을 바르게 품는 준비를 의미합니다.

리더는 자기의 힘과 권력으로 세상을 지배하려고 살아가는 사람이 아닙니다. 세상을 품고, 사랑으로 어둠을 다스리기 위해 존재하며 성장합니다. 그러므로 우리의 성장은 단지 자신만을 위한 것이 아닙니다. 세상을 섬기기 위한 것입니다. 그러자면 자기의 내면을 빚어야 합니다. 그렇게 해서 성장하면, 우리는 삶의 모든 순간에서 선한 영향력을 발휘할 수 있습니다. 진정한 성장은 영적, 육체적, 인격적 성숙을 아우르며, 시간과 인내 속에서 이루어집니다. 이러한 성장은 세상을 바꾸는 선한 영향력으로 이어집니다. 이 책은 바로 그 성장의 여정을 준비하기 위한 나침반이자, 세상을 변화시키고 채워나갈 당신을 위한 것입니다. 잘 빚어낸 당신의 인격이 세상을 더 아름답게 채울 것입니다.

  특별히 이 책은 AI와 함께하는 새로운 세상을 잘 섬기고 빈 곳을 채우려는 당신의 여정에 나침반이 되고자 합니다. 이 책이 당신으로 하여금 '나를 빚어 세상을 채우는' 리더가 될 수 있도록, 그리하여 세상을 위한 리더십을 가질 수 있도록 당신을 회복하는 여정으로 안내하려 합니다. 이 책을 든 당신은 이미 그 여정의 문 앞에 서 있습니다.

  이 책을 다 읽을 즈음이 되면, 당신은 '리더'나 '리더십'이라는 단어가 자신과 상관없다는 고정관념에서 벗어나게 될 것입니다. 자기 성장과 리더라는 단어는 분리될 수 없으며, 인격적인 자기 성장이 세상을 바꾸는 리더십의 진정한 기반이 된다는 걸 알게 될 것입니다. 리더는 스스로 빛나는 보좌가 아니라, 빛을 품고서 주변을 밝히는 존재라는 것 또한 알게 될 것입니다.

  이 책에서는 9장이 사실 내가 가장 강조하고 싶은 부분입니다.

프롤로그

그래서 9장이 하이라이트가 되도록 책의 내용을 디자인했습니다. 첫 장부터 결론까지 흐름이 잘 이어지도록 차근차근 구성했습니다. 하지만 1장에서 8장까지의 내용 모두 당신의 성장에서 중요한 재료들인 건 틀림없습니다. 다만 마지막으로 읽게 될 9장의 내용을 좀 더 염두에 두기를 바랍니다.

나는 당신이 이 책을 한 장 한 장 정성껏 읽어서, 9장에서 세상을 바꾸는 마지막 방법을 알게 되었을 때 느낄 기쁨을 기대하며 읽어나가기를 소망합니다. 혹시라도 세상이 만든 당신에 대한 편견으로 인해 마음으로 고생하는 부분이 있다면, 그마저도 내려놓고 읽어나가기 바랍니다. 그리고 이 책에서 '삶을 바꾸는 리더'라는 단어를 대할 때마다, 잘 빚어진 당신의 삶이 세상을 채우고 바꿔나갈 것이라는 사실을 당신만의 특별한 개념으로 받아들이기를 바랍니다. 그리하여 "Why not change the world?", "왜 세상을 못 바꾸겠는가?"라는 질문에 각자의 답을 말할 수 있게 되기를 바랍니다.

자기를 빚어내는 성장의 여정을 통해, 당신이 세상을 채우게 되기를 소망합니다.

포항 한동대학교 연구실에서,
임홍섭

― chapter 1 ―

# *Practicing*

## 연습하기
### : 시작과 끝, 삶의 모든 순간에 충실하기

'연습하기' 또는 '실천하기'를 뜻하는 영어 Practicing은 현재분사로, 지속적인 반복과 개선의 과정을 통해 기술이 완성되어 간다는 개념이다. 연습은 실천과 성장, 두 가지를 모두 의미한다. 시작하고 끝을 맺는 의미의 단어로도 쓰인다. 사람은 연습으로 시작하여 성장하며, 그 결과는 실천으로 나타나기 때문이다.

우리는 연습해야 한다. 이 말은 단순히 같은 행동을 반복하라는 것이 아니다. 믿음과 의로움과 진리를 삶에서 반복적으로 실천하라는 가르침이다. 지속적이고 의도적인 실천을 통해 신앙과 삶의 일치를 이루라는 것이다. 믿음과 의로움과 진리가 단순히 말이나 생각에 머무르지 않고, 행동으로 옮겨가야 한다는 걸 종합적으로 강조한다.

실천 없는 지식은 죽은 것이다.
지식은 실천과 더불어 존재한다.
_존 듀이(John Dewey)

행함이 없는 믿음은 죽은 것이다.
_야고보서 2장 26절, 사도 바울

## 아름다운 순간을 만드는 비밀

저녁 해가 미국 서부의 시작지 가운데 하나인 콜로라도 덴버의 마일 하이(Mile High) 스타디움을 떠나더니 지평선 너머로 물러나기 시작합니다. 옅은 오렌지빛 하늘 아래에서 녹색 잔디가 금실처럼 빛을 내며 반짝입니다.

산들바람이 관중들의 설렘을 품고서 살랑이는 순간, 스타디움 천장에 서 있던 수십 명의 나팔수가 경기의 시작을 알리는 나팔 소리를 내기 시작합니다. 스타디움 지붕 꼭대기의 모서리마다 서 있는 나팔수의 황동 빛 금관악기에서 흘러나오는 음률은 오래전 서부의 바람을 머금은 듯합니다. 그 소리는 관중을 뚫고서, 스타디움을 가로질러 경기장 한가운데까지 달려갑니다. 그 순간, 나팔 소리가 울리기 전까지는 보이지 않던 기마 부대가 스타디움에 등장합니다. 열다섯 마리의 군마로 구성된 기마 부대는 덴버팀의 진영을 향해 천천히 걸음을 옮기더니 일렬로 정렬합니다.

고풍스러운 서부 개척 시대의 군복 차림에 깃발을 든 기마 부대는 관중을 잠시나마 서부 개척 시대로 데려갑니다. 스타디움에도 잠시 정적이 흐릅니다. 축제의 기운은 공기 속에 이미 가득히 번져 있습니다. 선수들 앞에 선 기마병의 깃발은 저녁 햇살을 머금어, 붉고 푸른 색채가 더욱 시선을 잡아끕니다.

나팔 소리가 정적을 깨고서 다시 울려 퍼짐과 동시에, 털에서 윤기가 도는 군마들이 한 치의 어긋남 없이 앞발을 들어 올렸다 내리면서 전진하기 시작합니다. 그중에서 블랑코 팀의 깃발을 든 기마병이 앞서서 달려 나갑니다. 선수들도 그에 맞춰 전진합니다. 그 모습은 장엄하기까지 합니다. 말이 앞발을 들어 올렸다가 내리고, 나팔수들이 소리를 내고, 휘날리는 깃발이 거기에 어우러지는 순간, 모든 관중이 "블랑코!"를 외칩니다. 그 스타디움 안에 있으면 감동할 수밖에 없습니다.

이날은 '블랑코'라고 불리는, 콜로라도가 연고지인 미식축구팀의 개막전이 열리는 날입니다. 기마 부대의 등장은 이날의 전통 의식이 시작되었다는 걸 알려줍니다. 이 장면을 관람석에서 내려다보면 한 편의 서정적이고 환상적인 드라마가 눈 앞에 펼쳐지는 것 같습니다. 어떤 역사적 사건을 다룬 영화의 스펙타클한 도입부 장면을 보는 것 같기도 합니다. 그 순간이 너무나 황홀하고 강렬해서, 난생처음 미식축구를 경험한 나의 머리에서 며칠 동안 사라지지 않고 남아 있었습니다.

연습하기: 시작과 끝, 삶의 모든 순간에 충실하기

이 환상적인 장면 뒤에는 우연이나 타고난 재능만 있지 않았습니다. 기마 부대와 관계자들은 이 순간의 연출을 위해 무려 수개월 동안이나 등장하고 움직이고 연주하는 훈련을 반복한다고 합니다. 말의 걸음과 치어리더들의 걸음거리 폭과 나팔 소리를 맞추는 것은 물론이고 심지어 깃발의 움직임까지, 그 순간은 수백 번의 연습으로 다듬은 것입니다. 완벽한 공연을 위한 치열한 연습, 다듬고 또 다듬기 위해 반복하는 노력, 그런 끈기와 성실이 그 순간의 아름다움을 탄생시켰습니다. 비록 시작하는 순간에 곧 끝나는 아름다움이지만, 감동은 영원합니다.

 이 장면이 우리에게 의미하는 것은 이것입니다. "완벽한 시작과 깊은 감동이라는 꽃은 수많은 연습 속에서 피어나는 법이다. 그렇게 연습한 것을 실행하기 시작한 순간, 끝 또한 곧바로 온다. 인생이 그와 같다."

### 저마다 다른 사람들의 공통점

'연습'이라는 단어를 떠올리면 단순한 기술 습득 이상의 무언가가 우리에게 떠오릅니다. 연습은 우리의 발걸음을 묵묵히 끌고 가는 과정이며, 반복과 경험을 통해 성장의 길을 열어주는 열쇠라는 것입니다. 그러므로 연습이 쌓이고 쌓여 단 한 번 하게 되는 실천은 수백 번의 설교나 탁월한 강의보다 어쩌면 더 강력한 감동과 변화를 일으킬 수 있습니다. 그 결과는 미식축구의 개막식처럼 눈으로 보고 손끝으로 느끼며, 가슴으로 이해하여 삶에 깊이 새겨지는 경험 같은 것입니다. 그런데, 그 연습의 목적은 사람마다 다릅니다. 사람은 각각, 저마다 다 다르기 때문입니다.

  나는 목사이자 상담가로서, 그리고 교수와 친구로서 다양한 사람들과 신앙에 관한 대화를 나눕니다. 그들 중에는 교회에 꾸준히 출석하며 지역 사회에 헌신까지 하는 사람이 있고, 한때는 믿음이 강했으나 지금은 하나님을 떠난 사람도 있습니다. 젊음과 열정으로 신앙의 길을 걷고 있는 청년이 있는가 하면, 오랜 세월 믿음을 지켜 왔으나 지쳐서 삶의 방향을 잃은 장년도 있습니다. 대화하는 가운데 하나님과의 단절감을 토로하며 눈물을 흘리는 이들도 있습니다. 믿음은 없지만, 자신만의 기준으로 정의와 평등을 위해 헌신하며 가치를 찾는 청년도 있습니다. 어떤 이는 강렬한 무신론자로서 신의 존재를 부정하며, 자신의 지식이 세상의 모든 진리를 담고 있다고 믿습니다. 이런 이들 가운데 몇몇은 신의 속성에 대해 확신할 수 없다는 불가지론자입니다. 그런 이들은 대부분 교회와 관계를 끊고서 살아갑니다.

  그 외에도 내가 만나는 사람들은 다양합니다. 자신이 동성애자임을 밝히거나 동성애를 옹호한다는 사람, 부유한 사람이거나 빈곤한 사람, 고학력자에서 초등학교 졸업에 머문 사람까지, 그들의 생각과 배경은 제각각입니다. 결혼한 이도 있고 독신으로 살아가는 이도 있습니다. 교회라는 단어만 나와도 강하게 거부감을 보이는 사람이 있는가 하면, 지난주 예배에서 들었던 말씀을 기쁘게 나누려는 사람도 있습니다. 삶과 관계에 비관적인 사람이 있는가 하면, 역경 속에서도 희망을 놓지 않고 한 발 한 발 내딛는 사람도 있습니다.

사람들은 이렇게 다르고, 저마다 생각하는 바도 다릅니다. '무엇'을 중요하게 여기는 가치관이 각자에게 있는 것입니다. 자기 인생에서 가장 소중한 것을 추구한다는 점에서는 공통의 갈망을 가진 겁니다. 다만 그 가치관이 자신을 위한 것인지 타인을 위한 것인지에 따라, 그들 각자의 삶이 달라진다는 점에서는 다릅니다. 하나님을 향한 믿음이 있든 없든, 남을 위해 헌신하는 삶을 선택한 사람이 자기를 위한 삶을 선택한 사람보다 더 큰 무게를 짊어지고서 살아간다는 점에서도 다릅니다.

남을 먼저 생각하며 살아가는 일에 가치를 둔 사람은 때로 삶이 힘겹습니다. 자신의 불편을 외면하고, 가난과 억압 같은 남의 고통을 외면하지 않는 삶은 어렵습니다. 신앙생활을 잘하려는 이들이 사회에서 큰 어려움을 겪는 이유가 주로 여기에 있습니다. 그런 이들은 열심히 일해서 얻은 것을 기꺼이 나누고, 성령의 열매인 인내를 배우며 불이익을 감수하고, 때로는 욱여쌈을 당해서 어려워도 분노를 참으며 평화를 선택합니다.

이 모든 과정을 견뎌내는 일이 얼마나 어려운지는 이 시대의 청년들이 더 쉽게 체감할 것입니다. 그들의 눈에 세상은 강해 보이고, 자신은 연약해 보이기 쉽습니다. 반대로, 자기에게 더 큰 가치를 두고 사는 삶은 편하고 안전해 보입니다. 남을 먼저 생각하며 살아가는 사람과 자기에게 더 가치를 두고 살아가는 사람, 이 두 부류의 서로 다른 선택은 각자의 영혼에 결국 어떤 흔적을 남기게 될까요?

자기만을 위한 삶은 쉬울 수 있습니다. 남을 위한 삶은 어려울 수 있습니다. 그러나 남을 먼저 생각하며 살아가는 사람은 고난 속에서도 삶의 의미를 찾아냅니다. 특별히 그리스도인으로서 살아가는 삶은 늘 양보와 인내와 용서와 사랑으로 가득 차 있습니다. 또한 그래야만 합니다. 이런 삶은 연습해야 가능합니다. 양보하고 용서하며, 인내하고 사랑하는 그리스도인이 저절로 되는 것은 아닙니다. 그리스도인의 진정한 변화는 세상에 순응하는 데서 오는 것이 아니라, 하나님께서 보여주신 사랑을 연습하는 데서 비롯되는 탓입니다.

양보와 용서라는 당신의 연습이 비록 지금은 큰 의미가 없어 보일지라도, 그 연습은 누군가의 삶에 빛이 되기 위한 시작이며, 또 다른 변화를 만들어낼 것입니다. 그런 연습이야말로 세상을 바꾸는 실천의 시작이자 끝이 됩니다. 특별히, 그리스도인의 사랑 연습은 단순한 인격 수양이 아니라, 세상 속에서 빛을 잃지 않고 사랑의 흔적을 남기기 위한 실천입니다. 이것은 AI가 대체할 수 없는 삶의 방향입니다.

AI 시대를 살아가는 우리는 기술의 편리함 속에서 더욱 인간다운 삶을 선택해야 합니다. 눈에 보이는 효율과 성공이 삶의 전부처럼 여겨지는 시대이지만, 진정한 삶의 방향은 자신만을 위한 편리가 아니라 타인을 위해 불편을 감수하는 용기에 있습니다. 세상이 빠르게 돌아갈수록, 양보, 용서, 인내, 사랑과 같은 느리고 고된 가치를 지키는 이들이 오히려 진정한 리더로서 살아가게 될 것입니다. 이런 사람이 사람을 향한 사랑과 희생의 리더가 될 때, 가장 깊고 진한 빛을 발하게 됩니다.

### 광야를 지나는 법을 배우기 위해

크리스천의 삶은 양보와 포기로 정의되기도 합니다. 주님께서는 우리에게 오른쪽 뺨을 맞으면 왼쪽 뺨도 내놓으라고 하셨고, 가난한 자를 만나면 속옷까지 내어주라고 하셨습니다. 크리스천의 삶이 이렇게 정의된다는 건 참 이해하기 힘든 진리입니다. 나는 많은 청년이 이 진리의 가르침 앞에서 갈등하는 것을 보았습니다. 세상의 가치는 경쟁과 승리인데, 그리스도인으로서 삶의 시작과 가치가 양보와 포기라니 말입니다. 세상의 가치와 그리스도인의 가치 사이에서 갈등하지 않을 수 없습니다.

그러나 주님의 가르침을 받은 그리스도인이라면, 결국 대부분은 물러서기를 선택합니다. 그리스도인이라서 양보하고, 심지어 권리조차 포기합니다. 다시 강조하지만, 이건 연습하지 않으면 안 됩니다. 블랑코 팀이 개막전에서 등장하는 순간을 위해 수백 명이 몇 달을 연습하듯, 양보와 인내와 사랑이라는 크리스천의 삶은 연습해야 가능합니다. 이 연습에 충실한 크리스천은 관계에서 어려움이 닥칠 때, 비록 잃는 것이 많아도, 대부분 양보를 선택할 것입니다.

그런데, 양보가 때로는 잘못된 습관으로 굳어져, 어려움에 직면할 때 회피하거나 포기하는 걸 정당화하는 태도로 이어질 수도 있습니다. 이런 것은 주의해야 합니다. 양보와 회피는 다릅니다. 분명한 것은, 주님께서 우리가 어렵고 힘든 일을 만날 때 회피하거나 포기하기를 원하지 않으신다는 겁니다. 주님께서 우리에게 광야의 삶이라는 고난을 계획하신 이유는, 우리가 그 속에서 멈추는 법을 배우라는 것이 아닙니다. 그 경험을 통해 지혜와 힘을 길러, 광야를 지나는 법을 배우도록 하기 위함입니다. 우리는 양보와 회피 사이에서 분별해야 합니다.

어쨌든, 연습 없이는 아무 일도 일어나지 않습니다. '끝'이란 연습을 시작했기에 나타나는 결과인 겁니다. 반대로 생각하면, '연습'은 보이지 않는 '끝'을 바라는 믿음이 있기에 할 수 있는 일입니다. 그러므로 연습과 믿음은 연결돼 있습니다. 믿음이 있는 사람은 연습합니다. 믿음은 동사이며 행동이기 때문입니다. 연습이 우리의 믿음을 또한 증거할 것입니다. 연습은 믿음에서 비롯하는 변화의 마중물이며, 우리의 삶에 진정한 성장을 가져오는 출발점입니다. 믿음이 있는 사람은 연습하고 실천하는 순간부터 작게나마 기쁨을 느낄 것입니다. 그것이 연습이 주는 아름다운 결과입니다. 성공은 둘째 문제입니다. 연습 자체가 중요합니다. 물론 믿음이 있다고 해도 연습은 누구에게나 쉽지 않습니다. 그래도 우리는 준비하고 연습해서 실천해야 합니다.

연습 없이 실행하는 행위를 사람들은 무모하다고 말합니다. 연습이 부실하면 실전에서 실패할 가능성이 큰 탓입니다. 그래서 연습이 완벽하지 않으면 실패라는 결과를 예상하게 되어 두렵고 불안할 수 있습니다. 이런 이유로 사람들은 그냥 전통에 안주하거나 변화의 과정을 회피하곤 합니다. 변화를 연습하지도 않는 겁니다. 그러나 광야처럼 한 번도 걸어본 적 없는 삶의 길로 나아가려면, 당장 내일부터라도 닥칠 고난을 대비할 힘과 지혜를 오늘의 연습에서 습득해야 합니다. 오늘 할 연습은 한 발을 내딛는 실천입니다.

두려움 속에서도 불확실한 결과를 향해 한 걸음씩 내딛는 것이야말로 광야를 건너는 유일한 방법입니다. 그러자면 용기도 필요합니다. 용기는 믿음이 줍니다. 믿음의 행동은 우리의 용기를 나타냅니다. 우리가 믿음을 행동으로 옮기는 용기를 가질 때, 세상을 변화시키는 구체적인 힘을 얻습니다.

## 실천 없는 믿음은 쉽게 지친다

새로운 문제와 도전 앞에서 생각만 하고 멈추는 것은 쉽습니다. 그래서 새로운 일에 도전하고 한 발을 내딛는 실천은 용기를 요구합니다. 빠르게 변화하는 세대와 그 속의 갈등에서 요구되는 지도력의 핵심 키워드는 '용기 있는 실천'인 겁니다. 실천이 있어야 실패도 경험하고, 자신에게 부족한 점도 알 수 있습니다. 그 과정에서 더 큰 변화가 가능하게 됩니다. 그래야 리더가 될 수 있습니다.

실천이 없는 믿음은 살아서 움직일 수 없듯, 실천하지 않는 사람은 지도자가 되기 어렵습니다. 그러므로 리더는 실천하는 용기를 가져야 합니다. 생각만으로는 세상을 바꿀 수 없습니다. 생각만으로는 조직의 변화도 없습니다. 연구하고 계획하는 것이 당연히 중요하지만, 행동으로 옮기는 용기가 없으면 지도력은 실현되지 않습니다.

특별히 그리스도인에게 실천은 단순한 행동 이상의 의미를 가집니다. 믿음은 실천이 없는 이론이 아니기 때문입니다. 말로만 끝나선 안 되는 것입니다. 말씀대로 행동하는 삶을 통해 자신을 변화시키고, 더 나아가 세상에 변화를 가져올 수 있습니다.

또한 실천이 없는 믿음이 쉽게 지친다는 것도 연습과 실천이 중요한 이유입니다. 믿음이 지치면 세상이 강해 보이고, 자신은 연약해 보입니다. 그럴 때 포기는 가장 쉬운 선택지가 됩니다. 그러나 하나님은 우리가 믿음의 도전을 할 수밖에 없는 광야를 통해 배움을 얻으며, 지혜와 용기를 가지기를 바라십니다.

나는 한동대학교에서 만나는 학생들에게 기회가 있을 때마다 '말씀대로 실천하고 행동하는 삶'에 대해 자주 이야기하며, 작은 실천의 중요성을 강조합니다. 학생들이 계획을 세워도, 계획대로 시작했을 때 닥쳐올 불안과 두려움 때문인지, 시작하기조차 어려워하는 것을 보았기 때문입니다.

무엇이든 처음 실천에 옮기는 순간은 떨리고 두렵지만, 실천은 성장의 필수 조건이기도 합니다. 그럴 때 혼자가 아닌 공동체가 필요합니다. 연습한 것을 여럿이 함께 실천하면 서로를 지지하고 용기를 북돋울 수 있으며, 관계 속에서 서로를 도울 수 있습니다. 빠르게 변화하는 세상에서는 변화와 안정을 동시에 이루는 조화가 필요한데, 그러자면 혼자서는 어렵습니다.

무엇이든 함께 하려면, 당신이 자기의 목소리를 멈추고 공동체의 다른 이들의 이야기에 귀를 기울이는 자세가 필요합니다. 마찬가지로, 공동체의 다른 지체 역시 자기의 목소리를 멈추고 '당신'의 이야기를 들어주어야 합니다. 이런 일은 처음엔 쉽지 않습니다. 각자의 목소리를 내려놓고, 상대의 이야기를 들어주는 일에서 시작해야 하기 때문입니다. 하지만 이렇게만 하면 서로에게 용기를 주고 격려하게 됩니다.

변화는 우리의 내면에서 시작하여 삶으로 나타납니다. 우리는 변화의 방향대로 실천함으로써 변화의 목표가 자신의 삶 가운데 더 깊이 뿌리내리게 하고, 자기의 삶이 하나님께서 바라시는 방향으로 나아가도록 성장해야 합니다. 변화는 단순히 '더 많은 것'이나 '더 나은 것'을 추구하는 것이 아닙니다. 하나님 앞에서 자신의 연약함을 드러내고, 성숙한 삶을 향하여 연습과 실천을 쌓아 갈 때 시작되는 것입니다. 그것이 특별히 그리스도인 리더가 할 일입니다.

이 책은 당신에게 연습을 시작하도록 하여, 결국 실천하는 삶을 살아가도록 제안합니다. 당신의 실천은 단순한 행동 이상이 되어 당신을 변화시키고, 더 나아가 세상을 변화시키는 믿음의 여정이 될 것입니다. 세상을 변화시키는 리더로서의 여정이 시작되는 것입니다. 여정(旅程)은 계속 움직이고 진행한다는 의미를 지녔습니다. 당신은 어떤 상황을 맞닥뜨리더라도 멈추지 않고 성장을 향해 나아가야 합니다.

이 책의 목적은 당신의 연습과 실천이 세상의 변화에 일조하게 되도록 당신에게 용기를 주려는 것입니다. 단순히 머릿속에 지식만 담아두는 것이 아니라, 삶 속에서의 용기 있는 실천을 통해 세상의 변화를 이루도록 도우려는 것입니다. 이런 변화가 편안함 속에서는 일어나지 않는다는 걸 결코 잊으면 안 됩니다. 변화는 도전과 충돌, 혼란 속에서 시작됩니다. 그래서 용기가 필요하다는 겁니다.

새로운 이야기를 쓰려면 익숙한 환경을 떠나는 용기가 필요합니다. 두려워하는 마음을 꺼내놓고 맞서야 합니다. 두려움과 불안, 심지어 실패와 좌절 속에서도 용기를 내서 한 걸음 더 내딛는 실천이야말로 세상을 바꾸는 원천이 될 것입니다.

세상은 상처받은 이들의 마음을 치유하고 존귀함을 회복시키며, 갈등을 해결할 사람을 기다리고 있습니다. 그리스도인이 그런 사람이 되기 위해서는 그저 교회에 앉아서 예배만 드리는 것으로 충분하지 않습니다. 성령으로 충만한 믿음은 교회 안에만 머물지 않고 각자의 삶에 살아서 움직입니다. 그 믿음이 사람을 치유하고 갈등을 해결하는 행동으로 이어질 때, 그리스도인은 비로소 진정한 능력을 경험하게 됩니다. 그런 일을 직접 실천하여 경험하고 성장하는 과정을 통해, 그리스도인은 세상을 위해 준비된 사람이 되어갑니다. 세상 속에서 그리스도의 손과 발로서, 사랑과 은혜를 전하는 존재가 되는 것입니다. 리더가 되어가는 것입니다.

## 그리스도인 리더가 가져야 할 지침

진정한 리더는 자신이 누구인지를 먼저 이해하고 변화하여 성장함으로써 공동체와 세상을 변화시키는 힘을 발휘하는 사람입니다. 그러자면 무엇보다 자기 계발을 위한 연습을 해야 합니다. 그렇게 하면 자기도 모르는 사이에 리더의 자질을 겸비한 사람이 되어 있을 것입니다. 그런 사람의 리더십은 직위나 외적 권위에 의존하지 않을 것입니다. 어느덧 공동체에서 아름다운 변화를 이끄는 중심이 되어 있을 것입니다.

나는 이 책에서 "자기 계발을 함으로써 내적 인격이 성장하여 세상에 영향을 주는 사람이 리더다"라고 계속 강조할 것입니다. 세상의 리더십은 통제와 권위에 초점을 맞추지만, 이 책이 제안하는 리더십은 '내적 성숙과 실천'에 초점을 둡니다.

진정한 리더십은 단순히 직위나 권력에 의존하지 않습니다. 지식이나 카리스마에서 비롯하지도 않습니다. 연습과 실천, 치유와 사랑, 경청과 환대 같은 구체적이고 작은 행동에서 시작됩니다. 리더십의 본질은 내적 성숙과 실천을 통한 성장에 있기 때문입니다.

이제 당신이 그리스도인으로서 가져야 할 세 가지의 핵심 가치를 확인해보시기 바랍니다. 왜냐하면, 이것은 그리스도인인 리더가 가져야 할 지침이기도 하기 때문입니다.

**첫째, '하나님 중심'입니다.** 하나님께 목적을 두고, 그 뜻을 따르기 위해 준비하고 행동하는 것이 그리스도인의 최우선 가치입니다.

**둘째, '이웃 사랑'입니다.** 이웃을 향한 사랑과 배려는 그리스도인의 중요한 덕목입니다. 특히 그리스도인으로서 리더라면, 공동체와 동료를 위해 윤리적이고 도덕적인 선택을 해야 합니다.

**셋째, '자기 성찰과 성장'입니다.** 그리스도인은 자신을 깊이 성찰하고 꾸준히 성장하는 노력이 필요합니다. 내적 성장을 위해서는 공부하고 연구하는 것이 필수 조건이며, 성실한 태도는 기본입니다.

당신이 이상의 세 가지 핵심 가치를 자기 성장과 계발을 위해 삶에 적용하려고 연습하면, 그리스도인으로서, 특히 리더로서 더 효과적으로 성장하게 될 것입니다.

당신이 자기 성장과 계발을 통해 변화의 중심에 설 때, 단순히 개인의 성공에 그치지 않고 공동체와 세상을 변화시키는 영향력

연습하기: 시작과 끝, 삶의 모든 순간에 충실하기

을 발휘하게 될 것입니다. 이는 단순히 그렇게 되리라는 바람이 아닙니다. 삶의 방식이 구체적으로 변화될 것이라는 확신입니다. 작은 연습에서 시작된 삶의 변화는 곧 큰 물결로 이어집니다. 물 위에 던진 작은 돌이 파동을 만들어내듯, 당신의 작은 실천이 더 큰 세상으로 퍼져나가게 될 것입니다.

자기 성장과 계발이 쉽게 되는 건 물론 아닙니다. 익숙한 길을 벗어나 낯선 길로 갈 때는 두려움과 불안이 찾아오기도 하고, 길을 찾지 못할 것이라는 두려움이 앞을 가리기도 할 것입니다. 그러나 연습을 통해 준비되면 그런 두려움도 넘어서게 됩니다.

당신이 느끼는 두려움과 한계를 넘어, 이제 세상을 변화시키는 첫걸음을 내디뎌 봅시다. 당신의 연습과 실천이 분명히 세상을 바꿀 것입니다.

이 책은 당신의 실천이 만들어낼 놀라운 변화를 상상하며 쓴 것입니다. 당신은 이제 세상에 눌리지 않을 것입니다. 그러는 대신, 그리스도의 능력과 용기와 실천이 당신을 지배할 것입니다. 모세처럼, 다니엘처럼, 다윗처럼 세상에 선한 영향력을 끼칠 리더가 될 것입니다. 이제 함께 시작합시다.

─── chapter 2 ───

# *Healing*

## 치유하기
## : 내 상처를 고백하고, 우리의 치유자 되기

'치유하기'(Healing)는 '치료'와 '돌봄'을 의미하며, 현대 영어 단어 'therapy'의 어원이 된다. 치유는 단순히 신체적 회복을 넘어 몸과 마음과 영의 전인적 회복과 균형을 의미한다. 각 언어의 전통에서, 치유는 온전하고 완전한 상태를 향해 나아가는 깊고 다차원적인 여정을 담고 있다.

상처가 반드시 우리를 약하게 만들 필요는 없습니다. 상처는
다른 사람들과 더 깊이 연결되게 만듭니다. 치유는 관계를
통해 일어납니다.
_엘리자베스 퀴블러 로스(Elisabeth Kübler Ross)

공동체는 상처받은 마음을 치유하는
하나님의 도구입니다.
우리는 함께 있을 때 더 온전해질 수 있습니다.
_존 오트버그(John Ortberg)

## 아픔을 나눌 때 일어나는 일

미국 텍사스에 사시는 어느 장로님이 참으로 견디기 힘든 고통을 겪었습니다. 달라스의 한 쇼핑몰에서 발생한 '묻지마 총격 사건'으로 사랑하는 아들 부부와 세 살이던 손자를 한꺼번에 잃었던 겁니다. 집에 있던 손녀는 살아남았지만, 장로님은 그 사고 이후 한동안 삶의 의미를 잃은 채, 절망과 허탈함 속에서 고통스러운 나날을 보내야 했습니다. 이제는 많이 회복하셨지만, 하나님에 대한 원망과 자녀를 그리워하는 마음, 남겨진 손녀에 대한 걱정이 꽤 오랫동안 그를 짓눌렀습니다. 나는 그 장로님과 이야기를 나누듯 상담을 이어갔습니다. 그 분이 시간이 흘러 조금 더 회복되었을 때, 내게 음성 메시지로 이런 말을 남기셨습니다.

"목사님, 그동안 저의 이야기를 들어주셔서 정말 감사합니다. 너무 분노했고 외로웠어요. 이런 이야기를 할 수 있는 사람이 아

무도 없었거든요. 장로이지만 교회에도 가고 싶지 않았습니다. 하나님이 원망스러웠고, 삶의 의미도 없었고, 남겨진 손녀를 볼 때마다 불쌍하고 마음이 아팠습니다. 하지만 이렇게라도 목사님께 저의 이야기를 나눌 수 있어서, 그것만으로도 치유가 되었습니다."

장로님의 메시지를 들을 때, 내 마음 깊은 곳이 울리는 것이 느껴졌습니다. 사실 나는 그저 장로님이 말할 때 경청하고 작은 격려를 드린 것뿐이라고 생각했습니다. 그런데 그 분은 그걸 '치유'라고 표현하셨습니다. 그 고백은 내게 많은 것을 깨닫게 해주었습니다.

그 장로님은 신앙생활을 오래 해오셨고, 대형 교회의 중심에서 섬기던 분이었습니다. 하지만 가족의 사고 이후에 생긴 마음의 상처는 물론이고, 자신의 신앙생활과 인간관계에 생긴 변화를 가까이 있는 성도들에게조차 쉽게 꺼내지 못했다고 합니다. 힘든 시절에는 자신을 진심으로 이해하고 들어줄 사람을 찾는 일이 얼마나 어려운지를 알게 되었습니다. 자칫 오해받을까 염려가 돼 마음을 닫고 지낸 시간이 길었던 듯합니다.

그에게 가장 필요했던 건 누군가에게 자신의 이야기를 편하게 나누고, 아픔을 함께할 수 있는 마음의 공간이었습니다. 누군가가 자기 마음을 곡해 없이 들어주고, 있는 그대로 이해해 주기를 오랫동안 바랐습니다. 그 사고를 다시 바라보는 믿음의 관점에 대해서도 편하게 나눌 수 있는 사람이 필요했습니다. 따뜻한 포옹은 물론이고, 누군가 그와 눈을 맞추며 "당신은 혼자가 아니에요"라고 말해주는 단순한 순간조차 절실했을 것입니다. 하지만 이런 '치유의 공간'이 우리에게는 의외로 드뭅니다. 쉽게 생기지 않습니다. 한국교회의 현실에서는 더더욱 그렇습니다.

시간이 좀 더 지나, 나는 그 장로님을 다시 만나 더 깊은 교제를 나누었습니다. 장로님의 말투에는 이전보다 한층 평안한 기운이 배어 있었습니다. 우리는 서로의 밝은 표정을 읽으면서, 오래 하지 못했던 믿음의 이야기를 나누었습니다. 성령님의 은혜를 함께 나누는 시간은 참으로 귀했습니다. 헤어질 무렵, 장로님은 지난번과 같은 말씀을 다시 하셨습니다.

"목사님과 이렇게 오랜 시간, 저의 신앙과 믿음에 대한 변화의 여정을 깊이 나눌 수 있어서 참 감사합니다."

그날 내가 장로님과 나눈 대화 시간은 4시간이 훌쩍 지났지만, 불과 몇 분에 불과한 것처럼 짧고 소중하게 느껴졌습니다. 마음이 마음을 향해 천천히 문을 열어가던 그 시간은 지금도 내 안에 잔잔한 감동으로 남아 있습니다.

### 우리에게 필요한 치유의 공간

우리는 주일이면 교회에서 찬양을 드리고, 목사님의 메시지를 들은 다음 집으로 돌아갑니다. 때로는 성경 공부나 봉사 활동을 통해 신앙의 교제를 나누기도 하지만, 속마음을 털어놓는 일은 여전히 쉽지 않습니다. 많은 이들이 겉으로는 괜찮아 보이는 모습 뒤에 깊은 상처와 고통을 숨기고서 살아갑니다. 그 장로님처럼 공동체의 지도자 자리에 있다면 더 그렇습니다. 그래서 나는 치유 세미나나 강의 시간에 이런 질문을 자주 합니다.

"깊은 아픔과 고민을 다른 사람과 나눈 적이 있나요?"

놀랍게도 대답이 비슷합니다.

"아니오. 아무에게도요."

"창피해서요."

"말이 퍼지면 비방당할까 두려워서요."

내가 들은 답 중에서 특별히 '아무에게도요'라는 말이 마음을 더 아프게 했습니다.

우리는 서로의 아픔을 나누는 일이 왜 이리 어려울까요? 어째서 신앙 공동체 안에서조차 자신의 이야기를 꺼내는 걸 주저해야 할까요?

사실 나에게도 그런 때가 있었습니다. 고민과 의심을 홀로 짊어지고, 하나님과 나 자신 사이에서만 답을 찾으려고 애쓰던 시절이었습니다. 더 열심히 기도하고, 더 열심히 살아가려고 노력하면서, 겉으로는 괜찮은 척했습니다. 그러나 내 안에는 고독과 아픔이라는 큰 구멍이 자리를 잡고 있었습니다. 그러던 중, 콜로라도에서 IVF 대학생선교회 후배들의 모임 중 하나인 교수 모임에 참가했습니다. 그 모임에서의 경험은 나를 완전히 바꾸어 놓았습니다. 그 모임은 단순히 지식을 나누는 자리가 아니었습니다. 부서진 세상에서 입은 상처를 치유하며, 서로를 지지하는 따뜻한 공동체였습니다. 나는 그곳에서 나의 고통을 솔직히 나누며, 처음으로 누군가가 나의 이야기를 악의 없이 들어주는 치유의 공간을 경험했습니다.

장로님의 사례와 교수 모임에서의 내 경험은 우리에게 치유하는 공동체가 왜 필요한지를 잘 보여줍니다. 교회 공동체가 더 많은 사람에게 이런 치유의 공간이 되기를 소망합니다. 속마음을 숨기지 않아도 되는 안전한 장소, 두려움 없이 자신의 약함을 나눌 수 있는 공간이야말로 진정한 회복과 변화를 이루는 시작점이 됩니다.

### 치유가 시작되어야 할 사람

'치유'라는 단어를 들으면 무엇이 떠오르나요? 우리는 치유를 질병의 회복이나 고통의 사라짐으로 이해합니다. 기독교적 맥락에서는 죄 사함이나 영적 회복에 연결하기도 합니다. 문제는 치유가 필요한 사람이 자신이 아닌 다른 사람이라고 여기는 경향입니다. 치유를 남의 이야기로 보는 겁니다. "그들은 하나님의 치유가 필요해"라고 하면서, 자신의 내면은 정상일 것이라며 돌아보지 않습니다.

예수님은 우리에게 자신을 먼저 돌아보라고 말씀하십니다. "네 눈에 들보가 있는데 어떻게 형제에게 '네 눈에서 티끌을 빼주겠다'라고 말할 수 있느냐?"(마 7:4)라는 말씀은, 예수님께서 우리가 다른 사람을 돕기 전에 자신을 먼저 돌아보고 정결하게 할 필요성을 말씀하신 것입니다.

자신을 돌아보지 않는 사람은 예수님께서 말씀하신 계명을 깊이 생각해 보아야 합니다. 주님은 "네 마음과 목숨과 뜻과 힘을 다하여 주 너의 하나님을 사랑하라. 그리고 네 이웃을 네 자신과 같이 사랑하라"(막 12:30-31)고 하셨습니다. 하지만 우리는 이웃을 자신처럼 사랑하기가 어렵습니다. 주님의 사랑을 깊이 체험하지 못한 것이 가장 중요한 이유일 것입니다. 그러나 사실 더 실제적인 이유는, 정작 자신이 자신을 미워하거나 받아들이지 못하기 때문입니다. 아마도 과거의 상처와 고통 속에 갇혀 있기 때문일 겁니다.

심리학에서는 자신을 가볍게 여겨 돌아보지 않는 사람이 자신을 점점 극단적으로 가두고, 자신만의 갈등을 심화시키는 단계를 '자기혐오의 상태'라고 말합니다. 우리가 내면에 이런 갈등을 겪고 있다면, 이웃을 사랑하는 일에 진심을 담지 못할 것입니다.

30년 전, 나는 구소련에서 선교사로 사역하면서 OM선교회(Operation Mobilization)의 지도자 과정을 수료했습니다. 그 과정에 전 세계에서 선발된 유능한 지도자들이 모였습니다. 내가 그들과 함께 있을 때, 나 자신이 작고 부족해 보였습니다. 왜 그랬는지는 몰라도, 다른 이들보다 언어가 부족하고, 지혜와 성숙의 측면에서도 비교할 가치가 없어 보였습니다. 그래서였을까요?

지도자 교육을 받는 내내 마음을 열기가 힘들었습니다. 마음을 열지 못하니 동료들 사이에서 아웃사이더였습니다. 요즘 세대들이 말하는 '인싸'가 아니다 보니 동료들이 부럽기만 했고, 그들에게 다가가기는 더 힘들었습니다. 나 자신은 더 미웠습니다.

그 상황에서 한 동료를 만났습니다. 그녀는 무신론자 가정에서 성장했지만, 예수님을 영접한 후 청소년 사역을 이끌면서 신학교에서 상담학 석사까지 취득했습니다. 아름다운 외모와 환한 미소, 독실한 신앙까지 겸비해서 누구에게나 '완벽한 그리스도인'처럼 보였습니다. 그러나 그녀의 내면에도 깊은 상처가 있었습니다. 어렸을 때, 무신론자였던 아버지로부터 성적으로 학대받은 아픔이 그녀를 지배하고 있던 겁니다.

그 지도자 과정에서 내게 가장 기억나는 것은 참가자들이 각자 숨기고 싶은 고통스러운 이야기를 나누는 시간이었습니다. 일종의 자기 고백의 훈련이었지요. 이런 일은 결코 쉽지 않습니다. 선교단체의 지도자들도 어렵습니다. 보통의 교회 공동체나 컨퍼런스에서 이런 방식이 남용되거나 악용되면 자칫 더 깊은 상처를 남길 수도 있습니다. 그러나 국제적인 리더십 훈련 과정에서 하는 나눔의 연습이었던 만큼, 주최자들이 혹시라도 상담사를 통해 잘못된 상담이 이뤄지지 않도록 기도를 많이 하고 준비했기에, 성령님께서 강하게 역사하셨습니다. 그 고백 연습은 내게는 물론이고 모두에게 고통스럽고 도전적이었습니다. 그런데, 그녀는 아버지에게 학대받은 자신의 흑역사를 그녀의 인생에서도 처음으로 그 자리에서 고백했습니다. 자신이 아버지를 향해, 그리고 사회와 교회를 향해 품었던 분노를 내려놓으며 눈물로 회개하기도 했습니다. 그 일 이후, 그녀는 나와 나눈 대화에서 이렇게 고백했습니다.

"리더로 사역하기 전의 내 신조는 '스스로 성취하고, 보란 듯이 감명을 주고, 남겨서 나누는 것'이었습니다. 하지만 내 내면에는 항상 낮고 불안한 웅얼거림이 있었습니다. 고백하는 일은 두려웠지만, 치유의 시간을 통해 조금씩 나의 진실을 고백하면서 자유로워질 수 있었습니다. 이제는 웅얼거림이 사라졌고, 처음으로 온전한 사람이 된 기분입니다."

그녀는 과거의 상처를 억누른 채, 완벽한 리더와 도우미의 임무를 수행하려 했다는 것을 그날 깨달았다고 했습니다. 진정한 치유는 자신의 고통을 직면하고 받아들이는 데서 시작된다는 걸 알게 된 것입니다. 그날의 깨달음과 고백은 그녀를 완전히 바꾸어 놓았습니다. 자신을 받아들이지 못했던 이유를 깨달았고, 과거의 고통을 하나님의 은혜 안에서 받아들였습니다. 그 과정은 당연히 고통스럽고 두려웠지만, 자신과 화해한 치유는 그녀를 결국 자유롭게 만들었습니다.

나는 그녀의 고백에서 치유의 원리를 실제적으로 알게 되었습니다. 치유는 단지 상처의 회복이 아니라 자신과의 화해이기도 하다는 걸 말입니다. 예수님은 우리가 고통 가운데 있기를 원치 않으시지만, 한편으로는 우리가 고통을 직면하고 그 속에서 자유를 찾기를 원하신다는 것도 알게 되었습니다.

## 자신의 내면을 먼저 치유하라

오늘날 우리는 치유가 필요한 시대에서 살고 있습니다. 그러나 내가 지도자 과정에서 만난 그 동료처럼 자기의 내면에서부터 치유를 시작해야 한다는 사실을 인식하지 못하거나, 내면의 치유를 회피하기 때문에 자기의 능력을 회복할 수 있는 시간을 지연시키고 있습니다.

자기의 내면이 회복되지 않으면 단지 자기의 능력만 더디게 회복되는 것이 아닙니다. 그 사람을 바라보는 주변 사람들의 회복과 성장까지 함께 지연됩니다. 그런데도 우리는 종종 자기 안의 고통을 치유하기는 뒤로 미룬 채, 다른 이의 문제를 먼저 해결하려 애쓰곤 합니다.

상담을 전공하려는 많은 학생들 역시 자신의 상처가 여전히 아물지 않은 채 공부를 시작하고 상담사가 되기도 합니다. 치유 받지 못한 이가 누군가의 상처를 다루게 되면, 오히려 회복되지 않은 자신의 인생이 투영된 잘못된 상담으로 상대를 더 깊은 어둠 속으로 빠져들게 만들기도 합니다. 때로는 그 상담이 마음을 더 닫아버리게 합니다. 그러므로 '자기 치유'는 선택이 아니라 자신이 반드시 먼저 걸어야 할 길입니다. 자신이 먼저 회복되어야 비로소 누군가의 상처 앞에 온전히 설 수 있습니다. 자신이 빛 가운데로 나와야 다른 이를 그 빛으로 인도할 수 있습니다.

자신을 돌아보고 자기의 내면을 치유하기 위해, 우리는 자신을 사랑하는 연습부터 해야 합니다. 자신을 사랑할 때, 비로소 다른 사람을 진정으로 사랑할 수 있는 자유를 얻게 됩니다. 이때 잊지 말아야 할 것이 있습니다. 자신이 완벽할 필요는 없다는 것입니다. 치유와 회복은 당신에게 달린 일이 아니기 때문입니다. 치유는 전적인 하나님의 은혜입니다. 그러므로 치유는 하나님께 맡기고, 당신은 자신을 사랑하는 연습에만 매진하면 됩니다. 자신을 사랑하면, 자신의 아픔과 결핍과 상처는 하나님 안에서 온전하게 회복될 수 있습니다. 예수님께서 말씀하셨습니다. "수고하고 무거운 짐진 자들아 다 내게로 오라 내가 너희를 쉬게 하리라"(마 11:28).

사회적 위치와 상황 때문에 자기보다 남을 먼저 돌아보아야 할 때도 있습니다. 특이하게도 내 주변의 사람들은 받는 것보다 주는 것을 선호하는 편입니다. 자기 내면의 어려움을 먼저 해결하기보다 겉으로 보이는 남의 문제를 해결하는 데 더 익숙한 것을 보았습니다. 이것이 좋은 이야기를 만들 수는 있으나, 때로는 자신에게 진정으로 불편한 문제는 회피하고, '상대적으로 안전하게 느껴지는 방식'을 먼저 택하는 것이라고 보아야 할 것입니다.

자신을 돌보지 않고 남을 먼저 돕는 행동은 때로 지혜롭지 못한 결과를 초래할 수 있습니다. 예를 들어 비행기가 위험한 상황을 당해 산소마스크가 내려오면 자신이 먼저 착용한 후에 옆 사람을 도와야 한다고 안내합니다. 아이를 대동한 성인 부모라면 특히 그렇게 해야 합니다. 이 행동 절차는 단순한 원칙이 아닙니다. 지도자가 되려는 사람이 자신을 먼저 돌보지 못하면 결국 다른 사람을 도울 수 없다는 진리를 담고 있습니다.

브렌 브라운(Brené Brown) 박사는 인간의 취약성(vulnerability), 수치심(shame), 공감(empathy), 그리고 용기(courage)에 관해 깊이 탐구했습니다. 그녀는 이렇게 말합니다. "우리가 우리 자신의 이야기를 온전히 받아들이고, 그 과정을 통해 자신을 사랑하는 것이야말로 가장 용감한 일이다." 사실 자신에게 있는 문제와 힘든 점을 직면하는 일만 해도 큰 용기가 필요하긴 합니다. 그걸 다른 사람에게 고백하는 것은 더 어렵습니다.

나는 브라운 박사의 책 《불완전함의 선물》을 깊이 분석하려고 몇 번이나 읽었습니다. 그녀의 책은 개인의 부족과 연약과 취약성이 어떻게 용기의 근원이 되는지를 이야기하며, 이러한 과정을 통해 공동체와의 관계가 더 깊어질 수 있음을 설명합니다.

브라운 박사는 "우리의 부족함을 악용할 사람들을 두려워하지 말라"고 권면합니다. 누군가가 우리의 약점을 이용하거나 비난한다면, 그것은 그들의 문제일 뿐이라는 것입니다. 대신 우리는 그런 경험을 통해 더 단단해지고, 진정한 회복과 치유를 경험할 수 있습니다. 브라운 박사의 연구는 마치 "혼자 애쓰지 않아도 괜찮다"라고 나를 위로하는 것 같았습니다.

치유와 회복을 위한 첫걸음은 자신을 솔직히 돌아보는 것입니다. 자기 문제부터 해결해야 변화와 성장이 시작되는 탓입니다. 그런 점에서 자신의 약점과 부족함을 마주하는 것이야말로 가장 용감한 행동입니다. 치유는 그렇게 한 사람의 개인적인 여정이지만, 브라운 박사의 말처럼 다른 사람들과의 연결 속에서 완전해질 수 있습니다. 자신에 대해 다른 사람들 앞에서조차 정직해지는 연습에서 진정한 치유가 시작됩니다.

### 자신에게 정직해지는 치유 연습

내가 지난 20년간, 목회, 강의, 그리고 상담 사역을 하면서 항상 깨닫는 것이 있습니다. 치유는 끝없는 연습이라는 사실입니다. 나 역시 아직도 치유의 여정 한가운데에 있으며, 이를 통해 더 나은 리더와 동료가 되고, 나아가 친구가 되기 위해 노력하고 있습니다.

다음의 질문들은 당신이 치유를 시작할 수 있는 단서들이 될 것입니다. 우선 이 네 개의 질문에 스스로 답하면서, 현재의 나를 돌아보고 앞으로의 방향을 먼저 점검해 보십시오.

- 나는 내 내면의 취약함과 부족함을 인정하고 있는가?
- 내가 도움을 요청해야 할 때 주저하는 이유는 무엇인가?
- 내 주변에 나의 이야기를 진정으로 들어줄 사람이 있는가?
- 나는 다른 사람의 이야기를 공감하며 듣고 있는가?

이제 다음의 주제별 질문들에 답을 해보면서, 자신과 정직한 대화를 시작해보십시오. 당신의 치유가 공동체와 세상을 변화시키는 시작점이 될 것입니다.

### 1. 자가격리

○ 가장 최근에 누군가에게 자기의 마음을 솔직히 나누었던 때는 언제인가요? 그 일이 당신에게 어떤 감정을 남겼나요?

○ 주변 사람들과의 관계가 멀어진 것처럼 느껴질 때, 사실은 당신이 무엇을 피하고 있는 것이라고 생각한 적은 없었나요?

### 2. 두려움

○ 자신이 두려움의 토대에서 살고 있으며, 희망하고, 시도하고, 사랑하고, 연결하는 것을 두려워하고 있지는 않는지요?

○ 자기의 꿈이나 목표를 이루기 위해 어떤 도전을 해보았나요? 그런 도전을 마지막으로 해본 적은 언제였나요? 그 도전을 피하게 만든 가장 큰 두려움은 무엇인가요?

○ 사랑을 표현하는 것이 두려워지는 때는 언제인가요? 어떤 이유를 핑계로 들어 그런 자신을 방어하고 있나요?

### 3. 기쁨조와 희생자

○ 가장 가까운 사람에게 "아니오"라고 부인하거나 "싫어요"라고 거절히는 뜻을 밝혀야 했던 순간이 있었나요? 그 말을 차마 하지 못했다

면, 그때 무엇을 두려워했나요?
- 다른 사람들의 기대와 기쁨에 맞추려고 노력하면서, 정작 자기 자신을 잃어버린 적이 있었나요? 그때 당신은 자신의 무엇을 희생했나요?

### 4. 자신에 관한 평가
- 사람들이 당신을 잘못 이해했을 때, 그것을 바로잡으려고 얼마나 노력했나요? 그렇게 하려는 이유는 무엇인가요?
- 남에게 당신 자신이 아닌 다른 모습으로 보이고 싶었던 순간은 언제였나요? 그 선택이 당신에게 무엇을 남겼나요?

### 5. 다른 사람의 필요를 내 필요보다 우선할 때
- 자신을 돌보지 못했던 순간을 떠올려보세요. 그때 무엇을 잃고 있었나요?
- 당신이 다른 사람을 돌볼 때, 정말로 원하는 것은 무엇인가요?

### 6. 완벽주의
- 자기 삶에서 '완벽해야 한다'라는 압박을 느낄 때, 그것이 당신에게 어떤 무게로 다가왔나요?
- 마지막으로 자기의 실수를 용서했던 순간은 언제였나요? 당신이 용서받지 못한 채로 남겨둔 실수는 무엇인가요?

## 7. 자존감

o '나는 가치가 없어. 더 나은 것을 받을 자격이 없어. 사랑받을 수 없어' 라고 생각한 적이 언제였나요?

o 당신이 자신을 가장 비난했던 순간은 언제였나요? 그 비난은 어디에서 온 것이었나요?

o 누군가가 당신을 사랑한다고 말했을 때, 그것을 진심으로 믿을 수 있었나요?

## 8. 사과와 용서

o 누군가에게서 사과받기를 거부하고, 원한을 품고 있는 일이 있나요?

o 당신이 누군가에게 사과해야 하는데, 하지 않았던 잘못을 떠올려보세요. 그와의 관계는 지금 어떤 상태인가요?

o 당신이 용서하지 못한 기억은 무엇인가요? 그것이 당신의 삶에 어떤 흔적을 남기고 있나요?

## 9. 경계심

o 사람들이 당신을 이용하거나, 당신의 것을 쉽게 탐한다고 생각한 적이 있나요?

o 마지막으로 당신의 경계를 넘어섰던 순간이 언제였나요? 그 선택이 당신에게 어떤 결과를 가져왔나요?

o 당신이 "아니오"라고 말하지 못했던 상황이 있었다면, 무엇이 당신을 주저하게 했나요?

## 10. 정당화

- 당신이 누군가의 행동을 정당화하며 눈감았던 순간을 떠올려보세요. 왜 그렇게 했나요?
- 주변 사람들의 나쁜 행동을 최소화하거나 정당화하지는 않나요?
- 주변의 건강하지 못한 행동을 인식하기는 했지만, 변화시키지는 못했던 경험이 있다면 무엇인가요?

## 11. 분노 조절

- 당신이 최근에 가장 크게 분노를 느꼈던 순간은 언제였나요? 그 분노는 당신에게 무엇을 말하고 있었나요?
- 당신이 분노를 터뜨린 적이 있다면, 그 결과는 당신에게 어떤 교훈을 주었나요?
- 분노를 억누르기만 하거나, 담배, 술, 마약, 폭식, 소셜미디어 등 건강에 해로운 방식으로 터뜨리지 않았나요?

## 12. 스트레스와 힘든 순간 회피하기

- 당신은 고통스러운 감정을 피하려고 무엇을 가장 많이 선택하나요? 그 선택이 당신을 정말로 치유했나요?
- 당신이 외면했던 감정 중에서 아직 해결되지 않은 것은 무엇인가요?
- 스트레스를 피하려고 알코올, 음식, 일, 관계, 약물, TV, 소셜미디어 등으로 대신하지 않나요?

## 13. 투영

○ 자기의 힘든 상황과 고통 때문에 가장 가까운 사람에게 화를 냈던 적이 있나요? 그때 당신은 무엇을 느끼고 있었나요?

○ 당신이 사랑하는 사람들에게 상처를 주었다고 생각한다면, 그 상처를 어떻게 회복할 수 있을까요?

○ 속으론 자신이 실패할까 봐 두려운데, 다른 사람에게 "저 사람은 실패할 거야"라는 식으로 말하며 남을 비난하는 때도 있나요?

○ 자신이 질투를 느끼면서도 그걸 인정하지 않고, "저 사람이 나를 질투해"라고 말하는 때는 없었나요?

## 14. 침울과 무기력

○ 당신이 지금 멈춰 있는 것처럼 느낀다면, 무엇이 당신을 움직이지 못하게 하고 있나요?

○ 지속적인 슬픔이나 공허함을 느낀 적이 있나요? 어떤 것이었나요?

○ 자신감이 떨어지고 의기소침했을 때, 이를 벗어나기 위해 당신에게 가장 필요한 작은 행동은 무엇일까요?

## 15. 신앙의 의심과 불신

○ 당신이 신앙인이라면, 자신이 신앙에 대해 가장 큰 의문을 가졌던 순간은 언제였나요? 그 의문은 당신에게 어떤 변화를 가져왔나요?

○ 당신이 누구에게든 신앙적인 질문을 솔직히 나누지 못했던 이유는 무엇인가요?

위의 질문 목록은 우리 대부분이 치유의 과정에서 겪는 관계의 문제들을 중심으로 정리한 것입니다. 당신이 위의 검사 질문들을 읽을 때, 자신을 정당화하거나 합리화하고 싶은 부분이 있었는지요? 어떤 부분은 자신에게 맞고, 어떤 부분은 해당 사항이 없다고 생각되지는 않았는지요? 나도 그랬습니다.

앞의 검사 질문들 가운데 당신에게 걸리는 것이 많다고 해서 당신이 정상이 아니라는 것은 아닙니다. 인격에 문제가 있거나 사회성이 없는 사람이라는 뜻도 아닙니다. 신앙이 약하다는 뜻 또한 아닙니다. 이런 문제들은 우리가 리더이든 아니든, 인간이기에 당연히 드러나는 삶의 모습입니다. 자신에게 정직함으로써 시작되는 치유의 연습은 우리가 인간임을 인정하고, 세상에서 더 나은 방법으로 움직이려는 의지를 가지는 것입니다.

치유의 연습은 단순히 우리 자신만을 위한 것이 아닙니다. 다른 사람들과 더 진실하고 깊은 관계를 맺기 위한 과정이기도 합니다. 이 과정이 쉽지는 않을 겁니다. 자신을 솔직하게 드러내고 진정으로 치유를 추구하는 사람이 때로는 세상과 어긋나고 반문화적인 태도를 가진 사람으로 보일 수도 있기 때문입니다. 그러나 치유는 자기의 약점을 사랑하고, 그 약점을 통해 하나님의 능력이 드러나도록 하는 일입니다. 무너지고 약해진 자아를 다시 세우는 일이 비록 어렵더라도, 우리는 회복되어야 합니다.

치유를 연습하는 일에 열정을 가진 당신을 위해, 다음의 몇 가지 질문을 추가로 드립니다. 이 질문은 당신을 치유하는 방법이 되기도 할 것입니다. 이 중에서 당신에게 맞는 방법이 있다면 실천에 옮겨 보기를 바랍니다. 당신의 삶에서 작은 변화의 느낄 수 있을 것입니다.

- 최근에 누군가에게 도움이나 기도를 요청한 적이 있나요?
- 두려움을 느꼈을 때 시도해본 마지막 도전은 무엇이었나요?
- 나에 대한 다른 사람의 비난을 그저 받아들였던 적이 있었나요? 그때 어떤 기분이었나요?
- 오늘 자신을 돌보는 시간이 얼마나 있었나요?
- 자신이 실수했을 때, 자신을 어떻게 대했나요?
- 지금 자신의 감정이 어떤지요? 당신은 그걸 어떻게 표현하고 있나요?
- 당신이 누군가에게 마지막으로, 진심으로 사과했던 순간은 언제인가요?
- 당신이 "아니오"라고 말한 순간이 있었다면, 왜 그렇게 거절할 수 있었나요? 그 결정을 어떻게 받아들였나요?
- 당신이 화가 났을 때, 그것을 건강하게 표현했던 방법은 무엇이었나요?
- 당신이 피하려고 했던 고통이 있다면, 그 고통을 받아들이기 위해 오늘 어떤 작은 시도를 할 수 있을까요?
- 자기의 감정을 솔직히 나눌 수 있는 안전한 공간은 어디인가요?
- 당신이 신앙이나 신에 대해 솔직하게 말한 마지막 순간은 언제였나요?
- 당신이 칭찬받을 부분은 무엇인가요? 성장할 수 있는 부분은 어디인가요?

## 자아를 회복하는 다섯 단계

항해하던 배가 항구에 도착했을 때 지치고 고단한 사람이 쉬고 회복하도록 돕고, 재교육이 필요한 이를 훈련시키는 곳이 항구마다 있습니다. 내가 2013년에 설립한 노아미니스트리 사역이 바로 그런 것입니다. 노아미니스트리의 사역 가운데에서 가장 큰 비중을 두는 것은 리더십 프로그램이며, 그 중에서도 가장 중요한 것이 바로 인격의 훈련입니다.

AI 시대를 살아가는 오늘날, 인간의 인격은 오히려 더욱 밝은 빛을 발하게 되었습니다. 기술이 아무리 발전해도, 사람의 마음을 품고 이끌어갈 수 있는 것은 오직 사람의 인격뿐이기 때문입니다. 앞 장에서 말씀드린 것처럼, 인격이 리더십의 뿌리이며 모든 영향력의 기초입니다. 그러므로 겉으로 드러나는 능력보다 중요한 것은 보이지 않는 내면의 성숙입니다. 그것이 인격 훈련입니다. 인격이 바로 설 때, 그 위에 쌓이는 리더십은 흔들림 없이 오래도록 견고합니다.

그런데 인격 훈련에서 가장 큰 걸림돌이 바로 상처입니다. 그래서 노아미니스트리의 훈련은 상처의 치유를 위한 '자아 회복' 프로그램으로 시작됩니다. 개인의 회복과 치유가 모든 사역의 첫걸음이며, 이를 통해 진정한 리더십이 형성될 수 있기 때문입니다. 노아미니스트리의 자아 회복 훈련은 예수님의 산상수훈과 성령의 아홉 가지 열매를 중심으로 이루어집니다.

마태복음 5장 3-12절에서 예수님은 영적으로 가난하고, 애통

치유하기: 내 상처를 고백하고, 우리의 치유자 되기

하고, 온유하고, 정의를 추구하고, 자비로우며 평화를 이루는 삶을 사는 자들이 하나님의 나라를 경험하며 복을 받을 것이라고 말씀하셨습니다. 이러한 삶은 단순히 개인의 변화에서 그치지 않고 주변 사람에게도 긍정적인 영향을 미칩니다. 자아 회복 치유 훈련은 우리가 이런 삶을 살아가도록 하는 필수 과정으로, 세상에서 균형 잡히고 통합된 삶을 살아가도록 돕습니다. 이 훈련은 개인과 공동체 모두를 치유하기 위해 겸손한 태도를 강조하며, 다음의 '자아 회복 훈련의 기초 단계의 다섯 단계'를 통해 자신을 돌아볼 수 있도록 이끕니다.

**1. 자신의 한계를 인정하기**: 우리의 삶이 혼란에 빠졌음을 솔직히 받아들입니다. 우리가 자기 힘만으로 중독이나 강박적인 행동을 제어할 수 없음을 인정합니다.

**2. 더 크신 존재를 믿기**: 우리보다 크신 존재, 곧 하나님께서 우리의 정신적, 영적 건강을 회복시킬 수 있음을 믿습니다.

**3. 삶을 맡기기**: 우리가 하나님에 대해 이해하는 방식대로, 우리의 의지와 삶을 하나님께 맡기기로 결단합니다.

**4. 자신을 성찰하기**: 두려움 없이 솔직하게 자신을 성찰하며, 자신의 도덕적 상태를 점검하고 정리합니다.

**5. 잘못을 고백하기**: 하나님에게, 자신에게, 그리고 타인에게 우리의 잘못을 있는 그대로 고백하고, 그 잘못의 본질을 인정합니다.

이상의 다섯 가지 자아 회복 치유 훈련은 삶의 가치를 다시 세우고, 마음과 영혼을 변화시키며, 이를 통해 다른 이들의 삶을 치유하고 변화시킬 수 있는 강력한 도구입니다. 나는 매일 자아 회복의 훈련을 통해 예수님의 방식과 세상의 방식이 얼마나 다른지를 깨닫습니다. 이 훈련은 자기를 인식하는 것에서 시작합니다.

진정한 리더십의 시작은 자기 인식에서 비롯된다고 말할 수 있습니다. 자신을 아는 것, 곧 자신의 강점과 약점을 직면하는 것이 변화와 성장을 위한 첫걸음인 겁니다. 이러한 자기 인식은 삶의 순간순간마다 자신을 삶의 리더로 세우는 중요한 요소가 됩니다. 자기를 인식해야 자신을 이끌고, 사람들과 관계를 맺고, 자기의 스트레스를 관리하며, 다시 목표를 설정할 수 있기 때문입니다.

세계적인 리더십 학자인 존 맥스웰 목사님은 자아의 회복과 자기 인식이 리더십의 강력한 토대라고 강조합니다. 그는 "리더십은 자기에게 온전한 치유가 시작될 때 비로소 가능하다"라고 말하며, 자기 관리와 내적 성장 없이는 효과적인 지도자가 될 수 없다고 역설합니다. 리더로서 이와 같은 내적 성찰과 치유의 과정은 자신뿐 아니라 공동체에 진정한 영향을 주기 위해 필요한 단계입니다.

그런데 만약 누군가가 자기 인식을 회피한다면, 그건 자신의 약점이 드러날까 봐 두려워하는 마음 때문일 것입니다. 예수님께서 우리의 고통 속으로 직접 들어오셔서 구원의 길을 열어주신 사실을 기억하기보다, 그저 고통 위에 서 있으려고 합니다. 사실은 고통을 회피하는 것이지요.

　내면의 치유에 대한 두려움은 내게도 여전히 큰 장벽으로 남아 있습니다. 인간은 본성적으로 고통을 피하려고 합니다. 그러나 자신의 고통과 변화를 회피하면서 다른 이들에게 진정한 치유를 이야기할 수는 없습니다. 그런데도 우리는 자주 세상의 문화적 메시지에 휘둘려, 자신의 약함과 부족을 약점으로 여기며 감추려고 합니다.

　진정한 변화는 자신의 약점을 정직하게 마주하고 인정할 때 시작됩니다. 예수님은 성공과 권력이 아닌 겸손과 약함을 통해 진정한 치유와 회복을 이루셨습니다. 우리가 예수님의 방식을 따라 자신의 약점을 받아들이고 하나님께 의지할 때, 치유의 힘을 경험하게 됩니다.

　지금 당신의 변화가 누군가에게 희망이 될 수 있다는 사실을 기억하십시오. 여러분의 치유와 회복이 세상을 변화시키는 첫걸음이 될 것입니다.


## 상처는 빛이 들어오는 곳이다

세상은 지금도 상처받은 치유자를 필요로 합니다. 자신이 완벽한 사람이 아니라 연약한 사람이라는 점을 인정하고, 그것을 통해 다른 이들과 함께하는 사람이 필요합니다. 이런 사람은 다른 이들을 변화시키려는 큰소리를 내는 대신, 그들의 아픔 속에 조용히 함께 있는 동반자가 됩니다.

몇 년 전, 내가 담임목사로 사역하면서 노회장으로 섬길 때였습니다. 총회의 노회장 연석회의에 참석했습니다. 둘째 날 밤에 노회장 기도회가 열렸습니다. 특별한 준비 없이 이루어진 기도회였지만, 찬양을 인도하시던 목사님의 따뜻한 기도와 찬양 덕분에 분위기는 차분하고 은혜로웠습니다. 그날 목사님들은 저마다의 이야기를 나누기 시작했습니다. 각자의 아픔을 털어놓고 연약함을 고백하며, 깊은 공감과 격려가 오갔습니다. 우리는 모두 상처받은 치유자라고 말하며 서로를 감싸안았습니다. 계획에 없던 대화와 찬양은 새벽이 가까워지도록 이어졌습니다.

서로의 고백과 경청이 이루어진 그 밤, 작지만 힘 있는 치유가 우리 안에서 시작되었음을 느꼈습니다. 노회장 연석회의에서 나눈 고백과 기도는 단지 그 자리에 있던 목사님들에게만 의미가 있었던 것이 아닙니다. 그 치유의 경험은 각자의 교회로, 각자의 성도들에게로 퍼져나갔을 것입니다. 치유는 한 사람에게서 시작되지만, 그것이 머물지 않고 계속해서 흘러가게 하는 것이 바로 우리의 사명입니다.

그날의 기억은 내 마음에 오래도록 남았습니다. 헨리 나우엔의 책 《상처받은 치유자》 속의 한 구절처럼, 우리의 상처가 단지 고통이 아니라 치유의 도구가 될 수 있다는 깨달음이 새롭게 다가왔습니다. 나우엔은 상처받은 리더, 목회자, 신앙인들이 자신의 연약함을 통해 타인을 치유하는 힘을 발견할 수 있다고 이야기합니다.

13세기 수피 학파(Sufism)의 철학자이면서 시인이었던 루미(Jalal al-Din Muhammad Rumi)가 "상처는 빛이 당신에게 들어오는 곳"이라고 말했듯, 우리의 상처는 아이러니하게도 우리 자신과 세상을 변화시키는 힘의 원천이 됩니다. 하지만, 이 상처를 치유하는 여정은 전혀 쉽지 않습니다. 때로는 아주 작은 변화만 느껴질 때도 있습니다. 나 역시 20년 넘게 치유와 회복을 위해 공부하고 노력해 왔지만, 아직도 배울 것이 많습니다. 그러나 그 여정에서의 작은 변화들이 나의 결혼 생활과 친구 관계, 그리고 나 자신에게 얼마나 큰 영향을 미치는지를 경험했습니다. 나는 매일, 조금씩이라도 치유의 열매를 맛보고 있습니다.

우리는 상처받은 치유자로서 세상을 변화시킬 수 있습니다. 당신이 자신의 상처를 직면하고 인식한다면, 당신의 상처는 누군가에게 치유의 통로가 되고 변화의 시작점이 될 것입니다. 당신도 자신의 상처를 직면하고, 그 상처가 치유의 도구로 쓰일 수 있도록 용기를 내기 바랍니다. 자기의 상처를 인정하는 것은 약함을 드러내는 일이 아니라, 그 속에서 치유의 빛을 발견하는 첫걸음이 됩니다. 그 빛은 당신의 삶뿐 아니라 당신이 속한 공동체에도 따뜻한 변화를 가져올 것입니다.

## chapter 3

# *Listening*

## 경청하기
## : 내 마음을 열고, 네 마음을 듣기

'경청하기'(Listening)는 지혜의 습득이며 의사소통의 시작이다. 순종의 시작점(롬 10:17)이며, 학습의 첫째 단계라는 의미이기도 하다.

> 가장 중요한 것은 말하는 것이 아니라 듣는 것이다.
> _피터 드러커(Peter Drucker)

> 각각 자기 일을 돌볼뿐더러 또한 각각 다른 사람들의 일을 돌보아 나의 기쁨을 충만하게 하라.
> _빌립보서 2:4

## 말 뒤에 숨겨진 마음에 다가가는 일

우리는 모두 대화를 나누지만, 진정한 대화는 얼마나 이루어질까요? 상대의 말을 듣고 이해한다는 것은 단순히 귀를 열어두는 일이 아닙니다. 말 한마디 속에 담긴 마음을 읽고, 그 속에 자리 잡은 맥락과 감정을 헤아리는 일이지요.

나는 종종 이런 생각을 해봅니다. '내가 한 대화에서 상대방의 말 하나라도 놓쳤을 때, 내가 잃은 것은 무엇일까? 그들이 말 속에 숨겨 놓았던 마음의 조각을 놓친 것은 아닐까?' 그 조각들이 모여 이야기를 완성하고, 그 이야기가 결국 서로의 관계를 더 깊게 만들어가는 것인데 말입니다.

대화의 문제에서 소망을 주는 단어가 하나 있습니다. '경청'입니다. 너무도 간단합니다. 하지만 잘 듣기만 하면 된다는 것이 희망이라니, 이해하기가 힘들 겁니다. 여기서 중요한 점은 '듣긴 들는데, 잘 들어야 한다'라는 것입니다.

경청의 의미는 '잘 듣는다'입니다. 상대방의 마음의 문을 여는 비밀번호가 바로 경청이기 때문입니다. 잘 듣는 것은 단순히 상대방을 위한 배려로 끝나지 않습니다. 관계의 문을 활짝 엽니다. 사람의 마음과 태도를 바꾸는 시작점이 됩니다. 결과적으로, 잘 듣기만 해도 관계에서 많은 것을 얻게 됩니다.

듣는다는 것은 단순히 소리를 포착하는 것이 아닙니다. 그 너머에 있는 진심과 맥락을 이해하는 것입니다. 특히 중요한 일이 걸려 있는 상황이라면, 경청은 단순한 태도 이상의 의미가 있습니다. 상대방의 말에 진심으로 귀 기울이지 않으면, 비즈니스와 관계에서 단단한 신뢰를 쌓을 기회를 놓치게 됩니다. 건성으로 들으면 상대의 마음을 상하게 할 뿐만 아니라, 자신도 많은 것을 잃게 됩니다. 상대의 진심을 외면하는 순간, 대화는 단절로 끝나게 됩니다.

진심이 담긴 경청은 단순히 말의 흐름을 따라가는 것이 아닙니다. 그 말 뒤에 숨겨진 마음에 다가갑니다. 마음이 연결되는 순간, 이제 대화는 말이 아니라 서로의 존재를 이어주는 다리가 됩니다. 그래서 누군가의 이야기를 진심으로 듣는다면, 이미 변화의 출발선에 서 있는 것입니다. 경청에는 세상을 변화시키는 힘이 숨어 있습니다.

경청하기: 내 마음을 열고, 네 마음을 듣기

## 경청의 의미와 태도

어느 날, 내가 집회를 다녀온 교회의 성도가, 내가 한동대에 있다고 하니 먼 곳에서 나를 찾아왔습니다. 그 분이 내 방에 들어올 때, 그 집의 막내 아이가 엄마 손을 잡고서 따라 들어왔습니다. 여덟 살의 남자아이였는데, 그 아이의 얼굴에는 어린아이답지 않은 분노가 담겨 있었습니다. 세상이 무너진 듯한 표정이었지요.

아이는 나와 인사를 나눌 틈도 없이 곧장 고개를 돌려, 벽에 등을 기대더니 앉아버렸습니다. 나를 경계했는지 작은 손을 꼭 움켜잡았고, 눈동자가 흔들리는 것이 보였습니다. 그리고 아무 말도 하지 않았습니다.

사연을 들어보니, 이 아이는 엄마와 아빠가 이혼한 다음, 매일 자기가 어디에 있어야 할지를 스스로에게 물으면서 살아야 했습니다.

'오늘은 아빠 집으로 가야 할까, 아니면 엄마 집?'

그 질문에는 이렇게 말하지 못한 진심이 숨어 있었습니다.

"나는 … 어디에도 속하지 못하는 아이인가요?"

아이의 마음은 그렇게 찢어진 듯한 두 세계 사이에서 길을 잃고 있었습니다. 무엇보다 큰 상처는 '내가 버려진 존재일지도 모른다'라는 생각이었습니다.

나는 조용히 아이의 곁으로 다가가 바닥에 무릎을 꿇었습니다. 아이의 눈높이에 내 눈을 맞추기 위해서였습니다. 숨을 고르고, 아이처럼 아무 말 없이 잠시 머물다가, 부드럽게 이 한마디를 건

넸습니다.

"화났구나…."

아이는 고개를 홱 돌리며 내 시선을 피했습니다. 나는 조용히 기다렸습니다. 아이의 마음이 닫히지 않도록, 나의 마음부터 먼저 열어두었습니다.

"괜찮아. 말 안 해도 돼. 그냥 네 마음대로 해. 지금 이대로도 괜찮아."

이렇게 말한 끝에서 한 박자 쉬고, 아주 작게, 따뜻한 목소리로 덧붙였습니다.

"내가 여기 … 그냥 네 옆에 있어 줄게. 네 마음이 괜찮아질 때까지."

그 순간, 아이의 눈가에 작은 물방울이 맺혔습니다. 이윽고 말없이 흐르는 눈물이, 그 아이가 얼마나 오래 혼자였는지를 말해주고 있었습니다.

아이는 아주 천천히 고개를 올리면서 나를 바라보았습니다. 그때 본 아이의 작은 눈이 내 가슴을 울렸습니다. 나는 아무 말 없이 미소를 지었습니다. 그 아이는 비로소 자신을 지켜보는 따뜻한 시선 하나를 통해, 조금씩 세상과 연결되기 시작한 것이었지요. 경청은 말의 기술이 아니라 마음을 품는 기다림이며, 상대를 깊이 이해한다는 메시지를 전달하는 것이라는 사실을, 그날 나는 그 아이를 통해서 다시 배웠습니다.

경청은 단순히 소리를 잘 듣는 일이 아닙니다. 진정한 경청은 상대의 이야기를 이해하는 데까지 나아가는 것입니다. '이해'라는 단어는 'under'와 'stand'의 결합으로, '아래를 살펴보고 그곳에 서 있는 것'을 뜻합니다. 잘 들어서 이해한다는 것은 문제나 상황의 표면만 듣는 것이 아닙니다. 상대의 말 속에 담긴 내용과 그 의미를 겸손한 자세로 파악하는 것입니다. 따라서 진정한 경청의 출발점은 상대의 아래에서 공감하려는 태도여야 합니다. 단순히 귀를 열어놓는 것을 넘어, 상대방을 이해하려는 깊은 의지와 노력을 보여주는 행동이어야 하는 겁니다. 단순히 겉을 훑는 것이 아니라 상대의 숨은 곳, 즉 그 아래까지 살피고 그 자리에 함께 서 있는 태도입니다.

상대방의 마음을 헤아리려는 작은 태도가 결국 변화를 끌어냅니다. 그런 점에서 그리스도인에게 경청은 단순히 고개를 끄덕이는 기술이나 습관이 아닙니다. 그리스도인이 세상을 더 잘 이해하려는 의지의 표현이며, 세상과 관계를 맺는 방식이며, 신앙과 가치관을 그대로 비추는 거울입니다. 경청이 신앙을 드러내는 삶의 태도가 될 수도 있는 겁니다. 그러므로 만약 그리스도인이 관계에서 진정한 변화를 원한다면, 주변 사람들의 말을 잘 듣는 데서부터 시작해야 합니다.

듣는 행위는 가장 신비롭고 아름다우면서도 도전적인 관계의 예술 가운데 하나라고 할 수 있습니다. 경청하지 않으면 그 어떤 관계도 나아지지 않을 것입니다. 우리가 진정한 경청을 실천할 때 관계는 더 깊어지고, 공동체는 더욱 강해지며, 더 나은 세상이 되도록 변화시키는 길로 나아갈 수 있습니다.

## 선택적 경청은 경계해야

심리학자 랄프 니콜스(Ralph Nicols)는 모든 인간이 본능적으로 이해받기를 원한다고 했습니다. 동시에 이해하려는 욕구도 함께 가지고 있다고 설명했습니다. 그 욕구를 채우는 가장 단순하면서도 강력한 방법이 바로 경청이라고 그는 말합니다.

철학자이자 작가였던 마크 네포(Mark Nepo)는 "경청은 단순히 시간과 에너지를 요구하는 일일 뿐만 아니라, 마음을 열고 자신과 상대의 내면을 돌아보려는 의지와 노력이 필요한 여정이다"라고 강조합니다. 그의 말처럼, 경청은 관계에서 새로운 통찰을 얻는 기회가 됩니다.

하지만 경청이 결코 쉬운 일은 아닙니다. 더구나 현대인들은 종종 '선택적 경청'이라는 함정에 빠집니다. 선택적 경청이란 상대방의 말을 전적으로 듣기보다 자신이 관심 있는 부분만 골라 듣는 경향을 의미합니다. 상대방의 말을 듣는 척하면서도, 실제로는 의식적으로, 선택적으로 듣지 않는 겁니다. 사실은 귀를 닫고 있는 셈입니다. 특히 자기 생각에만 몰두하거나 고집이 센 사람들이 종종 이런 태도를 가집니다. 이런 태도는 부부처럼 가까운 사이에도 심각한 문제를 일으킵니다.

실제로 우리도 누군가와 이야기를 나눌 때, 눈을 맞추고 고개를 끄덕이는 순간조차 마음은 이미 다른 곳에 가 있을 때가 있지 않습니까? 상대방이 중요하다고 느끼지 않으면 서둘러 대화를 끝내기도 하고, 가볍게 웃으며 단순하게 예의를 차리기도 합니다. 그렇게 해서 흘려보낸 말들은 내게선 남아 있지 않지만, 실제의 관계에선 사라지지 않습니다. 그 순간의 무심함이 쌓이면 관계 속에 보이지 않는 벽이 만들어집니다. 서로의 말에 온전히 귀 기울이지 못해 오해가 쌓이고, 결국 갈등과 단절로 이어지기도 합니다. 이런 대화의 태도는 관계를 천천히, 확실하게 무너뜨립니다. 사회에서는 신뢰를 잃게 되고, 가정에는 깊은 상처를 남깁니다.

선택적 경청이 진정한 경청이 아님에도, 오늘날 우리는 선택적으로 듣는 데 익숙합니다. 내 마음에 드는 말만 듣고, 나에게 불편한 진실은 외면합니다. 이런 태도는 우리를 고립시킬 뿐입니다. 그리스도인이라면 더욱 그러지 말아야 합니다. 리더라면 더더욱 그러지 말아야 합니다. 선택적 경청으로는 공동체를 이끌 수도, 세상을 변화시킬 수도 없습니다. 우리가 삶 속에서 경청을 통해 들었던 수많은 이야기가 우리 안에서 제대로 반응할 때, 우리는 비로소 세상을 더 밝게 비추는 존재, 즉 진정한 그리스도인과 리더가 될 것입니다.

## 내 이야기를 들어주는 리더

사람들은 자신의 다름을 존중하고 이야기를 들어주며, 아픔에 공감해 주는 리더를 기다립니다. 세상이 원하는 리더는 진심으로 귀를 기울이는 사람인 겁니다. 사람들은 이런 사람을 겸손하다고 말합니다. 겸손하여 타인에게 진심으로 공감하는 사람은 자기 일에도 동일하게 관대합니다. 부족한 점을 지적받더라도, 그것을 배움으로 받아들이는 열린 마음이 있습니다.

살다 보면, 우리는 어느 순간 자기 일에만 몰두하고, 자신을 변호하느라 더 이상 타인의 마음에 다가가지 못할 때가 있습니다. 놀랍게도 그런 방어적인 태도가 리더에게서 나타날 때가 있습니다. 자기중심적인 리더십은 공동체 안에서 조용히 불만을 키웁니다. 말은 오가지만 마음은 닿지 않고, 형식은 남지만 신뢰는 서서히 무너집니다. 그렇게 해서 공동체에는 서서히 금이 가고, 사회는 점점 거칠어지며, 믿음의 울타리조차 균열을 일으킵니다.

리더가 경청을 멈추는 순간, 공동체의 숨결도 멈춥니다. 소통은 멎고, 변화는 닫히고, 결국 리더십에 대한 존중까지 사람들 마음속에서 사라집니다. 직장에서는 팀이 흩어지고, 교회에서는 성도들의 눈빛이 흔들리며, 가정에서는 사랑 대신 오해가 자라납니다. 결국 우리는 그 깊은 분열 앞에서 스스로에게 묻습니다.

"다시 하나가 될 수 있을까?"

"상처를 치유할 수는 있을까?"

이 질문에 답할 수 있는 사람은 모든 걸 아는 리더가 아닙니다.

경청하기: 내 마음을 열고, 네 마음을 듣기

모든 걸 들을 수 있는 리더입니다.

가정과 사회, 국가와 교회, 심지어 교회의 조직인 교단에서도 분열의 골이 깊어지고 있는 것이 사실입니다. 서로를 이해하려는 경청의 노력을 멈추고 공감의 문을 닫아버렸기 때문입니다.

예수님께서 보여주신 십자가의 길이 멀고 험하다 해도 그 길을 따라야 하듯, 우리는 경청의 기술을 배우고 연습하면서 변화와 회복에 대한 희망을 품어야 합니다. 그 과정이 비록 쉽지 않더라도, 중요한 것은 경청하기를 멈추지 않는 것입니다.

경청은 곁에 있다는 신호입니다. 상처를 헤아려주는 첫걸음이자, 무너진 다리를 다시 놓는 손짓입니다. 이런 경청을 통해 더 나은 사람이 되고자 하는 열망은 우리를 공감의 리더가 되게 할 것입니다. 우리의 귀가 열릴 때, 우리의 마음도 열릴 것입니다.

당신은 지금 얼마나 진심으로 듣고 있나요? 당신의 귀는 생각이 다른 타인에게 얼마나 크게 열려 있습니까?

## 귀를 열고 입을 닫는 지혜

내가 리더로 섬기고 있는 노아미니스트리는 지난 10여년간 교회와 학교, 공공기관과 직장에서 자아 회복 프로그램을 조용히, 그리고 꾸준히 이어왔습니다.

세상이라는 바다는 누구에게나 거셉니다. 어떤 배는 방향을 잃고, 어떤 배는 엔진이 멈추며, 또 어떤 배는 파도에 부딪혀 마음의 돛이 찢어지기도 합니다. 그럴 때 필요한 것은 먼 바다로 나아가려는 용기가 아니라 잠시 머물 수 있는 안전한 항구입니다. 노아미니스트리의 자아 회복 프로그램은 그런 항구 같은 공간이 되기를 소망합니다. 파도 속에서 지친 이들이 잠시 닻을 내리고 자신의 마음을 들여다보며, 다시금 삶의 나침반을 고쳐 드는 자리입니다. 그 항구에서, 우리는 말없이 서로를 기다려줍니다. 그리고 조용히 묻습니다.

"당신의 마음은 … 잘 항해하고 있나요?"

노아미니스트리의 사역의 중심에는 다음과 같은 신념이 있습니다.

"겸손히 듣는 귀, 그리고 따뜻하게 공감하는 마음."

그래서 노아미니스트리의 자아 회복 훈련에서 소중한 것 중 하나가 '경청'입니다. 이 훈련은 단지 누군가를 돕기 위한 것이 아니라, 자기 자신을 더 깊이 들여다보게 하는 거울이기도 합니다. 사람이 사람을 깊이 들어줄 때, 거기서 변화가 시작된다는 것을 우리는 믿기 때문입니다.

참가자들은 이 프로그램에서 자신의 내면을 들여다보고, 공동체 안에서 화합과 신뢰의 실마리를 다시 찾습니다. 경청과 공감의 훈련을 반복하면서, 분열이 아닌 연결, 불신이 아닌 신뢰, 오해가 아닌 이해의 가치를 체험합니다. 이 훈련은 단지 관계를 회복시키는 것을 넘어 세상을 아름답게 바꾸는 삶의 지혜가 됩니다. 작은 마음의 변화가 결국 공동체에는 더 큰 빛이 되니까요.

경청하기: 내 마음을 열고, 네 마음을 듣기

이 경청 훈련에 참여했던 대학생 자매가 있습니다. 내가 그녀를 처음 만났을 때, 보기에는 조용하고 단정했지만, 왠지 마음의 문을 꼭 닫고 있는 것 같았습니다. 알고 보니 그녀가 고등학생일 때 친구들이 말도 걸지 않고 따돌렸습니다. 교회에서조차 외로움을 느꼈습니다. 그 경험은 그녀를 자발적 고립으로 이끌었습니다. 사람을 피하는 것이 마음을 지키는 유일한 방법처럼 느끼게 되었습니다. 그랬던 그녀가 경청 훈련을 받으면서 조금씩 변하기 시작했습니다. 자신이 아무에게도 받아들여지지 않아 괴로웠는데, 누군가의 이야기를 듣는 시간이 쌓일수록 오히려 자기 안에 굳게 닫혀 있던 문이 열리는 걸 느끼게 된 것입니다. 그리고 어느 순간, 그녀는 더 이상 상처받은 사람이 아니라 다른 이의 상처를 끌어안고 들어주는 사람이 되어 있었습니다.

이제 그녀는 어려움에 처한 사람들을 돕는 변론자가 되었습니다. 내가 어떤 아이에게 했던 것처럼 누군가에게 조용히 눈을 맞추고, 다정한 미소로 귀를 기울이며, 많은 말을 하기보다 따뜻한 마음으로 곁에 머무를 줄 아는 사람이 되었습니다. 무엇보다 기쁜 일은, 그녀가 이제는 나에게도 아주 소중한 친구가 되었다는 사실입니다. 나는 그녀의 성장을 보면서 다시 깨닫게 됩니다. 더 많이 듣고 덜 말하는 것이야말로 삶에서 가장 중요한 연습이라는 것을.

## 그냥 들어주기만 하면 돼요

그러나 우리는 여전히, 너무나 자주 말부터 하려고 합니다. 너무 빨리 판단하며, 너무 쉽게 침묵을 놓치곤 합니다. 나 또한 그러지 않는 연습에서 완전히 자유롭지 못합니다. 말보다 귀가 많아야 한다는 것을 알면서도, 여전히 말이 앞서는 때가 있습니다.

더 많은 귀를 가지고 더 적은 입을 가지는 것은 생각보다 실천하기 어려운 삶의 태도입니다. 우리는 대체로 듣는 것보다 말하는 데 더 익숙합니다. 나 역시 이 특성에서 벗어나지 못합니다. 내 딸은 가끔 나에게 "아빠, 어디 가서 '라떼(나때)는 말이야'라고 시작하지 말아요"라고 말하곤 합니다. 내가 사람들에게 안 해도 될 말을 쓸데없이 해서 말의 힘을 잃는 '꼰대'가 될까 봐 걱정하는 겁니다. 나는 딸의 조언을 들으며 말을 적게 하리라고 다짐합니다. 물론 상황에 따라서는 듣기보다 말하는 것이 중요할 때도 있습니다. 하지만 많은 경우, 우리는 진정으로 다른 사람의 말을 듣는 법을 먼저 잊어버립니다.

최근에 나는 정신과 감정 조절에서 어려움을 겪고 있는 S형제와 함께 시간을 보냈습니다. 그는 오랜 시간 괴롭힘을 당해 자기의 목소리를 잃어버린 사람이었습니다. 말을 못 하게 된 건 아니지만, 말하지 않았습니다. 마음을 닫아버린 겁니다. 가족에게도 마음을 열지 못했던 그는 처음엔 나에게도 입을 열지 못했습니다. 그럴 때마다 나는 먼저 말하지 않으려 했습니다. 그의 말을 거의 가로막지 않았고, 들어주려고 노력했습니다. 설명하거나 위로

경청하기: 내 마음을 열고, 네 마음을 듣기

하려는 충동이 들 때도 참았습니다. 그가 필요로 한 것은 나의 말이 아니라 나의 귀라는 것을 알았기 때문입니다. 그의 눈은 나에게 이렇게 말하는 것 같았습니다.

"지금 제게 필요한 건 위로가 아닙니다. 그냥 들어주기만 하시면 돼요."

시간이 흐르면서, 그는 조금씩 마음을 열기 시작했습니다. 나와 눈을 맞추며 미소를 짓기도 했습니다. 그는 내게 말했습니다.

"목사님, 함께 있어 주셔서, 내 말을 들어주셔서 감사합니다."

그의 말을 듣고 기뻤습니다. 그의 성장이 자랑스러웠습니다. 그가 드디어 자신의 목소리와 자기의 이야기를 다시 찾은 것이기 때문입니다. 그는 이제 다른 이들의 이야기를 들을 준비를 하고 있습니다. 이런 경험을 통해, 나 역시 경청의 힘을 또 깨닫게 됩니다. 듣는다는 것은 단순히 귀를 기울이는 일이 아닙니다. 그 사람과 함께하는 깊은 연대의 시작입니다.

오늘도 마음을 다잡고, 조금 더 천천히, 조금 더 조용히 누군가의 마음에 귀를 기울이는 연습을 해봅니다. 한 사람의 이야기를 있는 그대로 들어주는 것, 그것이 우리가 함께 회복되어가는 가장 단단한 길이라고 믿으면서요.

### 경청의 씨앗이 숲을 이룬다

아주 먼 옛날, 서로에게 마음의 소리가 들리던 시절, 작은 마을에 사람들이 모여 살았습니다. 그들은 입은 분주하게 움직였지만, 귀는 게을렀습니다. 각자의 목소리는 높았지만, 진심은 서로에게 들리지 않았습니다. 마을 곳곳에는 오해와 불화가 뿌리를 내렸습니다.

어느 날, 마을 한가운데 있는 커다란 나무 아래에 신비로운 소녀가 나타났습니다. 그녀는 작은 손바닥 위에 빛나는 씨앗을 올려놓고서 말했습니다.

"이것은 '경청의 씨앗'이에요. 이 씨앗을 각자 마음에 심고, 귀로는 더 듣고, 입으로는 덜 말하는 법을 익히면 놀라운 일이 일어날 거예요. 귀를 열면 세상이 보이고, 입을 닫으면 상대의 마음이 들리게 되거든요."

사람들은 처음엔 무관심 반 호기심 반으로 그녀를 대했습니다. 하지만 소녀의 맑은 눈빛과 따뜻한 목소리에 끌려 서서히 변화가 시작되었습니다. 하루는 서로의 이야기를 조용히 들어보았고, 또 하루는 말의 끝마다 감사의 마음을 담아보았습니다. 그러자 마을에 신기한 일이 벌어졌습니다. 차가웠던 마음의 벽이 조금씩 녹아내렸고, 그 자리에 이해의 꽃이 피어나기 시작했습니다.

소녀는 이런 말도 했습니다. "귀를 열고 말을 아끼세요. 그러면 자기 마음속의 복잡한 감정은 자연히 정리되고, 부정적인 말이 줄어들며, 상처도 줄어들 것입니다." 이런 단순한 실천이 경청과 대화의 참된 가치를 되찾는 첫걸음이라고 그녀는 덧붙였습니다. 그것은 단지 아름다운 말이 아니라 진정으로 변화를 일으키는 힘

경청하기: 내 마음을 열고, 네 마음을 듣기

이었습니다.

나는 이 이야기는 듣고서 대화의 비밀을 벗겨냈습니다. 진정한 대화는 '경청이라는 씨앗'이 세상이라는 땅에 내려앉는 순간부터 자라기 시작하여 '말'이라고 하는 '열매'를 맺게 된다는 것입니다. '공감'이라는 물을 뿌려 싹을 틔우고, 서로의 다름을 포용하는 능력은 관계를 큰 나무가 되도록 합니다. 말을 줄이고 공감을 늘리는 것이 경청의 좋은 자세라는 겁니다. 진심으로 경청하면 건강한 대화를 끌어냅니다. 건강한 대화를 통해 깊은 분열을 치유할 수 있는 능력까지 키울 수 있습니다. 더 듣고 덜 말하는 연습은 우리 자신과 주변 사람들을 변화로 유도하는 길입니다.

불화의 마을에 경청과 공감과 대화의 참 의미를 깨닫게 해준 소녀는 마을을 떠나기 전에 아주 감동적인 말을 남깁니다.

"많이 듣고, 생각은 긍정적으로 하며, 말을 아끼세요. 서로의 마음에 심은 관계의 씨앗을 자라게 하는 빛과 같은 것이 경청이에요. 경청이라는 빛을 받지 못하면 씨앗은 자라지 못할 거예요. 하지만 많이 경청하면 빛이 많이 비춘 것과 같아서 금세 무성한 숲을 이룰 거예요. 그러면 당신의 적은 말이 세상에 울림을 주고, 세상은 당신의 마음에 다시 뿌리를 내릴 거예요. 마음의 씨앗이 경청의 빛으로 자라면, 세상은 아름다운 대화의 꽃으로 가득할 거예요."

소녀의 마지막 말에는 깊은 진리가 담겨 있습니다. 경청이 관계와 세상을 변화시키는 씨앗이 된다는 진리입니다.

경청은 마음의 문을 여는 빛과 같습니다. 진심으로 들을 때 세상은 무성한 숲이 되고, 우리 마음에 다시 뿌리를 내리게 됩니다. 경청을 통한 대화는 단지 말로 끝나지 않습니다. 깊은 이해와 공감을 통해 세상 속에 자리를 잡습니다. 뿌리를 내리고, 열매를 맺습니다.

## 아름다운 대화의 다섯 가지 원칙

나는 몇 년 전, 덴버에서 열린 기독상담학회에서 소녀의 이야기와 비슷한 이야기를 나누었습니다. 서로 다른 배경과 신념을 가진 상담 전문가들이 모여 '아름다운 대화의 다섯 가지 원칙'을 정했는데, 소녀의 이야기와 그 학회가 세운 원칙들은 여러 부분에서 서로 닮았습니다.

경청이 씨앗이 되어 숲을 이룬다는 소녀의 말은 학회가 제안한 다음의 다섯 가지 원칙에도 자연스럽게 드러납니다. 이 원칙은 단순한 대화의 기술이 아니라 서로를 존중하며 경청하는 태도의 본질을 담고 있습니다.

첫 번째 원칙은 "모든 사람이 존중받아야 할 존재라는 사실을 기억하라"는 것입니다. 소녀가 마을 사람들에게 경청이라는 씨앗을 준 것은 상대를 존중하라는 의미이기도 했습니다. 우리도 모든 상대를 하나님의 형상으로 창조된 소중한 존재로 여겨야 합니다. 존중이 대화의 출발점이어야 하는 겁니다. 상대방을 변화시키거나 설득하려는 욕심 대신, 그 존재 자체를 인정하고 존중하는 마음이 대화를 열어갑니다.

두 번째 원칙은 "질문을 통해 이해를 넓히라"는 것입니다. 소녀는 "많이 들어야 마음의 씨앗이 자란다"고 말했는데, 좋은 질문은 많이 듣고 이해할 수 있는 열쇠가 됩니다. 질문이 상대의 마음을 열고, 상대의 이야기에 더 깊이 다가가는 방법인 것입니다. 다만 그 질문이 상대방을 몰아붙이려는 도구가 아니라, 상대의 말을 더 잘 이해하려는 진심 어린 노력의 일환이어야 합니다. 좋은 질문은 대화를 풍성하게 하고, 이해의 폭을 넓힙니다.

세 번째 원칙은 "겸손한 표현을 사용하라"는 것입니다. 예를 들어 "하나님이 말씀하셨다"라는 강압적 표현 대신 "나는 이렇게 생각합니다"라는 겸손한 표현이 상대방의 마음을 닫지 않고 열어두게 합니다. 소녀가 말한 '긍정적으로 생각하며 듣는 태도'는 겸손에서 시작됩니다.

네 번째 원칙은 "변화를 강요하지 말고 경청하라"는 것입니다. 경청을 단순히 잘 듣는 기술로만 아니라 상대방의 이야기를 배우는 기회로 삼는 것입니다. 소녀의 말처럼, 듣는다는 것은 씨앗이 자랄 기회를 주는 일입니다. 강요는 성장을 가로막을 뿐입니다.

다섯 번째 원칙은 "간결하게 말함으로써 상대의 시간을 존중하라"는 것입니다. 대화에서 말이 길어질수록 본질은 흐려지고 경청의 무게는 가벼워집니다. 전하려는 요점을 최대한 간략하게 줄여서 말하는 기술이 필요합니다. 그러자면 결론을 이야기의 끝에 두는 미괄식보다 맨 앞에 두는 두괄식이 일반적으로는 좋습니다.

소녀가 이야기한 "적은 말이 세상에 울림을 준다"라는 가르침은 간결함의 진정한 본질을 보여줍니다. 적은 말에도 진정성을 담으면 되는 것입니다. 그런데 우리는 때로 지나치게 짧게 말해서 무관심과 무시와 '성의 없음'을 드러내곤 합니다. 관심이 없고 귀찮다는 이유로 대충 짧게 말하고 마는 경우입니다. 그래선 안 됩니다. 간결한 말이 소외된 소수의 목소리를 무시하는 방법이 되어선 안 됩니다. 연약한 상대일수록 짧더라도 진정성 있는 태도로 말해야 합니다.

이 다섯 가지 원칙들은 단지 어려운 주제의 대화에서만 유용한 것이 아닙니다. 일상의 대화에도, 가족과 친구와의 대화에도 적용됩니다. 이 원칙들을 우리의 대화에 적용하면 작은 변화가 시작되어 우리의 삶과 관계를 더 풍성하게 하고, 더 나아가 세상을 화합과 이해의 방향으로 이끌어갈 것입니다.

이제 당신의 귀와 마음을 열어보세요. 대화는 단지 소리의 교환이 아니라 마음의 연결입니다. 진정한 변화의 시작입니다.

**chapter 4**

# *Including*

## 품어주기
### : '우리와 그들'은 없고, '우리'만 있기

'품어주기'(Including)는 개인의 가치를 존중하고 소속감을 제공하는 포용적 접근으로, 건강한 관계와 심리적 안정감의 핵심으로 이해되는 것이다.

> 우리와 그들이란 없습니다. 우리만 있습니다.
> _켄 로이드(Ken Loyd), 거리의 목사

## 마음을 품어 세상을 다시 쓴다

몇 해 전, 한국의 텔레비전 다큐멘터리에서 돌봄의 사각지대에 놓인 이주민들의 현실을 고발하는 내용이 방영되었습니다. 그 프로그램에서 한 외국인 어린이가 울면서 절규하던 모습이 나의 뇌리와 마음 깊은 곳에 단단히 새겨졌습니다.

"그냥 인간으로 인정받고 싶어요. 내가 방글라데시에서 왔다는 이유로 더러운 아이로 불리고 싶지 않아요. 엄마와 아빠가 한국말을 못 해서 사람들이 무시하고, 일을 시키고도 돈을 안 줘요. 그래서 우리는 가난해요. 나는 학교에서도 왕따에요."

그의 부모는 눈물 섞인 목소리로 이렇게 말했습니다.

"왜 사람들은 우리를 동등하게 대해 주지 않나요?"

나는 그 가족의 말을 듣고 가슴이 먹먹해져 한동안 침묵할 수밖에 없었습니다. 그들의 슬픔과 피곤, 억누를 수 없는 분노는 나

품어주기: '우리와 그들'은 없고, '우리'만 있기

를 30년 전으로 돌려놓았습니다. 나 역시 영어가 서툴렀던 유학 시절에 겪었던 감정이었기 때문입니다. 그때 느낀 외로움, 서러움, 차별이 준 절망감이 떠올랐습니다. 세상의 무관심과 차가움이 사람에게 얼마나 깊은 상처를 입힐 수 있는지, 그 고통이 얼마나 오래 지속될 수 있는지를 알기에, 그들의 이야기가 더욱더 와닿았습니다.

내가 시카고에서 전도사로 사역할 때, 교회의 어느 집사님이 학교로부터 아들이 학교에 열흘 넘게 결석했다는 전화를 받았습니다. 그 집사님의 가정이 미국에 이민 온 지 1년 정도 되었을 무렵이었습니다. 알아보니 그 아이는 엄마가 매일 아침 교문 앞에 내려주면, 엄마에게 학교에 잘 다녀오겠다고 인사한 뒤, 학교 건물 뒤에 숨어버렸다고 합니다. 그래 놓고 혼자서 하루를 보낸 뒤, 종소리가 나면 교문으로 가서 마중 나온 엄마를 만나 집으로 돌아오곤 했던 겁니다. 그래서 그 집사님은 아이가 학교에 가지 않았다고는 상상도 하지 못했습니다.

나는 그때 그 아이의 주일학교 전도사였습니다. 주일에 이름이 세미인 그 아이를 만나서 물었습니다.

"세미, 왜 교실에 들어가지 않았니?"

"전도사님, 아이들이 나를 놀려요. 영어도 못 하고, 냄새나고 눈도 작다고요. 내 물건도 빼앗아 가요. 교실에 들어가는 것이 무서워요."

세미의 목소리에는 미국 생활에 대한 두려움과 체념이 가득했습니다.

"전도사님, 나는 한국으로 돌아가고 싶어요. 여기는 내가 속할 곳이 아니에요. 아무도 나를 인정해주지 않아요."

세미의 말을 듣고 내 마음이 무너졌습니다. 그 아이의 작은 어깨 위에 쌓인 커다란 돌덩이들이 세상의 벽이 되어 있는 듯했습니다. 영어를 못한다는 무시의 돌, 무식하다는 몰이해의 돌, 찢어진 눈이라는 인종차별의 돌이 얼마나 무거웠을까요? 아무도 그 어깨에 쌓인 돌을 치워주지 않았습니다. 선생님조차 무관심으로 일관하며, 단지 복잡해질 서류를 귀찮아할 뿐이었습니다. 학교에서 그 아이를 둘러싼 벽을 허물고, 고립된 아이를 품어 보려는 시도는 누구에게서도 없었습니다.

다른 것을 품는다는 것이 쉬운 일은 아니지만, 그렇게 어려운 일도 아닙니다. 다른 점을 이해하고 따뜻하게 감싸주는 일은 어쩌면 단순할 수 있습니다. 그러나 세상은 낯선 이들 앞에서 멈칫하고, 익숙하지 않은 '다름'에 거리를 둡니다. 익숙함 속에서 안락함을 찾으려는 우리의 본능은 이웃과의 벽을 높게 쌓습니다. 하지만 성숙한 사람이라면 그 벽을 허물고 거리를 좁힐 것입니다. 리더라면 특히 그래야 합니다.

나는 세미에게 일어난 일을 보면서, 세상이 변하기 위해서는 누군가 그 아이에게 먼저 손을 내밀어야 한다는 것을 느꼈습니다. 교실에서 세미를 안아주는 친구가 단 한 명만 있었더라면, 그 아이의 학교생활은 달라질 수 있었을지도 모릅니다. 선생님이 위

품어주기: '우리와 그들'은 없고, '우리'만 있기

로의 말을 건네고 품어주기만 했더라면, 아이들이 세미를 다르게 대했을 것입니다. 그러면 세미는 아침마다 교실을 두려워하지 않고, 자기 자리에서 웃을 수 있었을 것입니다.

**아주 조용하지만 강한 혁명**

우리가 서로의 다름을 인정하고 조심스레 품는 순간, 세상은 아주 작은 떨림과 더불어 변하기 시작합니다. 그 미세한 움직임들이 모여, 굳게 닫혀 있던 마음의 벽이 천천히, 그러나 분명히 무너질 것입니다. 벽은 그렇게 허물어져야 합니다. 누군가의 조용한 관심, 말없이 건네는 따뜻한 손길 하나하나가 한 사람의 굳은 마음을 녹이고, 그 자리에 새로운 문이 생겨나게 합니다. 문은 다시 길이 됩니다. 그리고 그 길 위에서 우리는 서로의 존재를 존중하며, 함께 걸어가게 됩니다.

'포용'은 단순히 안아주는 행위 같지만, 그 안에는 말로 다 담을 수 없는 깊은 사랑이 담겨 있습니다. 경계 없이 품어주는 마음, 훈계와 설명 없이 이해하려는 태도, 조금 느리더라도 함께 가고자 하는 의지, 그 모든 것이 모여 이 세상을 더 다정하게, 더 아름답게 만들어갑니다. 그러므로 포용은 길입니다. 우리 모두가 하루에 한 걸음씩 걸어가야 할 가장 사람다운 길이며, 가장 그리스도인다운 사랑의 방향입니다.

초대교회는 예수님의 사랑 아래 다양한 배경과 언어를 가진 사람들이 한 식탁에 둘러앉아 서로를 품는 공동체였습니다. 주님의 가르침대로 모든 것을 품고, 용서하고, 격려하고, 나누었습니다. 재산을 나누고 필요를 채워주며, 모든 이를 차별 없이 받아들였습니다.

"그들이 사도의 가르침을 받아 서로 교제하고 떡을 떼며 오로지 기도하기를 힘쓰니라 사람마다 두려워하는데 사도들로 말미암아 기사와 표적이 많이 나타나니 믿는 사람이 다 함께 있어 모든 물건을 서로 통용하고 또 재산과 소유를 팔아 각 사람의 필요를 따라 나눠 주며 날마다 마음을 같이하여 성전에 모이기를 힘쓰고 집에서 떡을 떼며 기쁨과 순전한 마음으로 음식을 먹고 하나님을 찬미하며 또 온 백성에게 칭송을 받으니 주께서 구원 받는 사람을 날마다 더하게 하시니라"(행 2:42-47).

당시 사회는 신분이 뚜렷이 나뉘었습니다. 그리스도인이 된 이들은 그 속에서 단지 말로만 사랑을 말하지 않았습니다. 실제로 행동했습니다. 주인과 종, 부자와 가난한 자, 남성과 여성 … 서로 다른 지위와 배경을 가진 이들이 한자리에, 같은 눈높이로 앉았습니다. 그것이 가능했던 이유는 단 하나, 그들 안에 그리스도의 사랑이 있었기 때문입니다. 사도들은 그 사랑을 삶으로 가르쳤습니다. 그들이 가르친 포용은 그저 참는 것이 아니었고, 겉으로만 품는 체하는 것도 아니었습니다. 그것은 '너도 나와 같은 하나님의 자녀'라는 인식 가운데 존엄의 눈으로 바라보는 일에서 시작된, 아주 조용하지만 강한 혁명이었습니다.

품어주기: '우리와 그들'은 없고, '우리'만 있기

하지만 오늘도 우리는 여전히 눈에 보이지 않는 벽들을 마주합니다. 이민자와 타문화에 대한 배척, 가난한 나라의 사람들을 향한 곱지 않은 시선, 말없이 나누는 '우리와 그들의 경계선' 같은 것입니다. 그 경계선 너머에서 예수님의 말씀이 속삭이듯 들려옵니다. "하나가 돼라."

이 말씀은 그저 이상적인 권면이 아닙니다. 우리의 시선과 태도를 바꾸라는 매우 구체적이고 실제적인 부르심입니다.

### 사랑의 다리를 놓는 일

포용은 익숙한 틀을 벗어나는 용기에서 시작됩니다. 다름과 낯선 이와 문화를 받아들이는 일이기 때문입니다. 다른 이를 향한 작은 한 걸음, 불편한 침묵 속에서 먼저 내미는 손, 상처 많은 이들의 이야기를 조용히 들어주는 마음에서 시작되는 포용은 서로를 이해하게 하고, 다시 하나가 되게 합니다. 그리고 이 땅 위에 하나님 나라를 조용히 펼쳐갑니다.

실제로 세계 각지에서 인종, 문화, 종교의 차이로 인한 갈등이 심화되고 있습니다. 그런 갈등 속에 사랑 없는 무관심과 배척만 남으면, 테러나 전쟁 같은 극단적 상황까지 이어지는 것을 보게 됩니다. 정치적 견해 차이와 지지하는 대상이 다르다는 이유로 전통적인 신앙 공동체가 분열하기도 합니다. 어떤 이들은 갈등의 문제를 괴로워하여 교회를 떠나기도 합니다.

나는 '품는다'라는 동사를 입안에서 알사탕 굴리듯 읊조릴 때마다, 그 부드럽고 따뜻한 울림에 마음이 차분해지곤 합니다. 이 단어는 마치 겨울 아침의 첫 햇살처럼 사람들의 마음을 조용히 덥히는 힘을 가진 것 같습니다.

갤럽의 자기 발견 프로그램인 '클리프턴 강점'이라는 테스트에서 최상위 강점으로 '포용'을 꼽았는데, 이 결과는 사람을 품는 것이 단순히 이념이나 이론이 아닌 실제의 성향과 노력으로 실현될 수 있음을 시사합니다.

그러나 포용의 태도를 가지기는 쉽지 않습니다. 낯선 이를 받아들이는 것에 대한 저항은 여전히 공동체 안팎에서 만나는 현실적인 장벽입니다. '너무 다르다', '불편하다'라는 반응 때문입니다. 그럼에도 불구하고, 품는 것은 익숙한 영역을 넘어 새로운 가능성을 향해 나아가는 첫걸음입니다. 다름을 인정하고, 시야를 넓히며, 한 사람 한 사람이 가지고 있는 풍요로운 이야기를 마주하는 과정입니다. 포용은 또 하나의 사랑입니다.

누군가를 품는다는 것이 그저 모든 대립을 없애자는 말은 아닙니다. 오히려 대립의 자리에서조차 함께 걸어갈 길을 찾으려는 용기입니다. 상대의 이야기를 끝까지 들어주고, 다르다는 이유로 대화와 관계를 끊지 않으려는 의지입니다. 그런 노력 속에서 이해는 조금씩 자라나고, 사랑은 더 깊어집니다. 공동체는 점점 더 단단해지고, 따뜻한 모습으로 성숙해집니다.

품는다는 것은 마음을 덮는 행위가 아니라, 갈등을 두려워하지

품어주기: '우리와 그들'은 없고, '우리'만 있기

않고 갈등 속에서도 끝까지 관계를 유지하려는 아름다운 선택입니다. 함께 가려는 마음과 마음이 모여 공동체를 다시 하나가 되게 만듭니다. 결국 품는 마음은 개인과 공동체 모두를 변화시키는 힘입니다.

포용하는 마음은 서로에게서 아름다움을 발견하고 함께 걸어갈 길을 찾는 것입니다. 품는 마음은 서로의 오해와 갈등 속에서도 상대에게 다가가게 하고, 때로는 진실을 마주하게 합니다. 이렇게 품는 마음과 사랑으로 포용의 다리가 세워질 때 우리는 더 풍요로운 세상을 보게 되며, 그 과정에서 우리 또한 성장하게 됩니다.

몇 해 전, 노아미니스트리의 리더십 훈련에 한 소녀가 조용히 발걸음을 내디뎠습니다. 그녀의 이름은 제니입니다. 첫인상은 발걸음처럼 조용했습니다. 맑은 눈빛을 가진 아이였지만, 그 눈빛 너머에는 우울하고도 순결하며, 말로는 표현하기 힘든 결단의 기운이 깃들어 있었습니다. 거센 삶의 바람에도 흔들리지 않는 무엇 같았고, 한편으론 한 송이 연꽃 같은 존재였지요.

제니는 한국에서 태어났는데, 어린 시절에 부모님을 따라 아프리카의 작은 섬나라에 왔습니다. 그곳엔 한국 사람이 거의 없었습니다. 상대적으로 밝은 피부색 때문에 백인이라 불리며, 늘 따로 있어야 했습니다. 섬의 햇볕은 무서울 만큼 뜨거웠고, 사람들은 흙탕물이 넘실대는 강가에서 끝없이 펼쳐진 밭을 일구며, 하루하루를 간신히 살아내고 있었습니다. 제니는 그 낯설고 거친 땅에서 노아미니스트리의 홈스쿨링 프로그램을 통해 차분히 학업을 이어가기 시작했습니다. 미국의 고등학교 과정을 밟으며, 한편으로는 리더십 훈련에도 참여했습니다.

어느 날, 나는 훈련 과정의 하나로 제니와 상담하던 자리에서, 제니에게 조심스레 물었습니다.

"제니야, 네가 이 섬의 리더가 되어 보는 건 어떨까? 이 나라에선 불모지 같은 AI를 기반으로 국제법을 공부해서, 하나님 나라를 이 땅 가운데 세우는 사람이 되라는 말이야…."

그 순간, 제니의 눈동자가 흔들리는 걸 보았습니다. 제니가 바로 답은 하지 않았지만, 나는 알 수 있었습니다. 그 고요한 침묵 속에 오랫동안 숨어 있어서, 스스로 외면해 왔던 마음의 파도가 다시 일기 시작했다는 것을.

'왜 나만 여기 있어야 하지?'

'왜 나는 자유롭게 공부하지 못하는 걸까?'

'왜 이 섬과 이 섬의 사람들, 그리고 이곳에서의 시간들이 나에게만 유난히 무겁게 느껴질까?'

그녀의 외로움은 오래 침묵을 만들었고, 침묵은 점점 원망이 되기도 했습니다. 자신을 불편하게 만든 모든 것들이 때로는 이유 없이 밉게 느껴졌습니다. 하지만 내가 그 제안을 한 다음, 제니는 오래 기도했습니다. 그리고 며칠이 지난 어느 날, 그녀는 내게 작은 목소리로 말했습니다.

"목사님이 말씀하신 대로, 제가 이 나라에서 선구적으로, AI와

품어주기: '우리와 그들'은 없고, '우리'만 있기

관련한 국제법을 공부하기로 마음먹었습니다. 이 섬을 위해, 하나님 나라를 위해 쓰임받고 싶어요."

나는 그 말 한마디에 마음이 먹먹해졌습니다. 제니는 이제 더 이상 '그 땅에 머물 수밖에 없는 아이'가 아니었습니다. 자신이 서 있는 그 땅을 선택했고, 기도로 길을 내기 시작했습니다. 그녀에게는 낯설고 두렵고 고된 땅이었지만, 이제 그 자리에서 불가능을 가능하게 하시는 하나님을 바라보며 뿌리를 내리고 있습니다.

### "우리와 그들은 없습니다. 우리만 있습니다."

누군가의 진심 어린 기도는 세상의 끝이라고 여겨졌던 곳조차 새로운 시작이 되게 합니다. 제니는 자신을 가로막던 억울한 마음과 원망을 내려놓기로 했습니다. 그 대신 흑인 친구들을 사랑하기로 마음먹었습니다. 홈스쿨링으로 고등학교를 졸업한 제니는 그 나라의 대학에서 흑인 친구들과 함께 국제법을 공부하고 있습니다. 자기의 처지를 한탄하는 대신, 그들과 함께 살아가는 법을 배우기로 했습니다. 단지 자신의 꿈을 좇는 것을 넘어 사랑과 화합을 실천하면서, 자신과 다른 사람들의 삶 속으로 들어가고 있는 겁니다.

그 후 제니는 강가의 밭에서 원주민들과 함께 농사를 짓기 시작했고, 아이들에게 성경을 가르치며 그들과 함께 사는 삶을 선택했습니다. 한때 우울증으로 고통받던 소녀가 하나님께 마음을 열고 새롭게 꿈을 품게 된 모습은 내게 깊은 감동을 주었습니다. 나는 제니가 언젠가 그 작은 나라의 역사를 바꿀 리더가 될 거라고 확신합니다. 그녀의 삶은 그녀가 살아가는 세상을 조금씩 변화시키는 씨앗이 되고 있습니다.

어느 날 제니가 내게 조용히 말했습니다.

"우리와 그들은 없습니다. 우리만 있습니다."

이 말은 경계를 허물고 모든 것을 사랑으로 바라보는 포용의 시선을 담고 있습니다. 제니의 이야기는 포용이 '우리와 그들' 사이의 경계를 허물고, 차이를 넘어 하나가 되는 사랑의 실천이라는 점을 보여줍니다. 세상이 필요로 하는 리더란 벽을 세우는 사람이 아니라, 사랑으로 다리를 놓는 사람이라는 걸 보여주는 이야기이기도 합니다.

제니에게서 보는 것처럼, 포용은 단순한 선언이나 선택이 아닙니다. 불편을 감수하며, 자신의 한계를 넘어 사랑을 실천하는 용기입니다. 포용하는 리더십은 제니처럼 흑인들과 농사를 짓는 행동에서 시작됩니다. 더 나은 세상과 풍요로운 공동체를 만들어갈 길을 열어줍니다.

제니에게서 보는 것처럼, 품는 삶은 개인의 성장을 넘어 공동체를 변화시키는 힘을 가집니다. 진정한 공동체는 차이 속에서 서로를 이해하고, 대립 속에서도 함께 걸을 길을 찾아갈 때 이루어지는 것이기 때문입니다.

나는 몇 년 전에 만난 '스탠드 대디'라는 단체에서도 제니의 이야기와 비슷한 메시지를 보았습니다. 중도 장애인을 돌보는 그 단체는 진정한 돌봄과 포용을 실천하고 있습니다. 누군가의 손길 없이는 기본적인 일조차 어려운 장애인들과 함께하는 그들은 서로의 삶을 품으며, '오직 우리'라는 공동체를 만들어가고 있습니다. 제니가 말한 것처럼, 그들에게는 '우리와 그들'이 없고, '우리'만 있습니다.

누군가를 품는 포용은 단지 이상(理想)을 이루는 일이 아닙니다. 포용은 대립 속에서도 함께할 길을 찾는 노력입니다. 서로의 이야기를 들으며 이해를 넓히는 과정입니다. 삶과 공동체를 변화시키는 강력한 도구입니다. 포용이 갈등을 바로 없애지는 못하지만, 우리의 대화에서 시작되는 아주 작은 포용이 공동체 전체에는 결국 아름답고 큰 변화의 열매를 맺게 할 것입니다.

──────── chapter 5 ────────

# *Advocating*

# 변호하기
## : '그를 위해서'뿐 아니라, '그와 함께' 하기

'변호하기'(Advocating)는 성경에서 성령의 역할로 나타나며, 정의와 화해, 보호를 상징한다. 심리학에서는 타인의 권리를 대변하고 자기효능감을 돕는 역할로 해석되며, 공감과 지지를 강조한다. 변호는 모든 영역에서 '곁에서 함께하며 돕고 섬기는 존재'로서의 본질을 보여주어야 한다.

자신을 찾는 가장 좋은 방법은
다른 사람들을 섬기면서 자신을 잃는 것이다.

The best way to find yourself is
to lose yourself in the service of others.

## 희망을 찾는 자를 만나다

1991년 겨울, 모스크바의 눈발 속에서 긴 여정을 시작했습니다. 기차가 천천히 출발하자 도시의 소음은 점점 멀어지고, 차창 밖으로 펼쳐진 풍경은 고요한 겨울의 대지로 변해갔습니다.

국제오엠선교회와 함께 블라디보스토크로 향하는 그 여정은 지하교회를 돕고, 밀수로 들어가던 성경을 현지에서 직접 제작하기 위한 첫걸음이었습니다. 끝없이 이어지는 겨울 숲과 얼어붙은 강, 자작나무의 흰 나뭇가지들 사이로 어렴풋이 하나님의 계획이 보이는 듯했습니다. 공기는 차가웠지만 대지는 평화로웠고, 차창 밖의 눈송이는 춤추듯 흩날렸습니다.

며칠간의 기차 여행 끝에 도착한 블라디보스토크는 고요하고 단단한 겨울의 도시였습니다. 그곳에서 우리 일행은 70년간 신앙을 지켜온 어느 집사님의 안내를 받아, 좁은 골목길을 지나서 그 집사님의 집에 있는 지하교회로 들어갔습니다. 세월의 흔적이 묻어난 작은 공간은 찬송과 기도로 가득했고, 하나님의 품처럼 따뜻했습니다. 지하교회 성도들과 함께 인쇄기를 설치하며 기도할 때, 우리의 손길이 하나님의 계획 안에 있다는 사실을 느꼈습니다. 온몸에 감동의 전율이 흘렀습니다. 인쇄기가 돌아가는 소리는 마치 생명이 깨어나는 소리 같았습니다. 성경 페이지가 한 장씩 쌓일 때마다 우리의 눈에는 뜨거운 눈물이 흘렀습니다. 오엠선교회와 오픈도어선교회가 간절히 바라던 쪽복음의 인쇄가 그곳에서 이루어진 것입니다. 그 집사님의 집은 인쇄소로 바뀌어 복음의 씨앗을 심는 중요한 장소가 되었고, 그는 이후 장로님으로 세워졌습니다. 그의 집에서 보낸 며칠은 꿈결 같았습니다.

문득, 미국에서 온 리더가 뜻밖의 제안을 했습니다. "여기까지 왔는데 북한을 보고 가는 건 어때요?" 기도처럼 다가온 그 제안에 우리는 모두 설레는 마음으로 응했습니다.

우리는 그곳에서 북한과 가장 가까운 하산으로 가기로 했습니다. 두 시간 뒤, 하산에 도착한 우리는 두만강 너머의 북한 땅을 마주했습니다. 연기가 피어오르는 북한의 마을과 산맥과 들판은 너무도 가까워 보였지만, 그곳은 또 다른 세계처럼 느껴졌습니다. 얼어붙은 두만강과 차가운 바람은 우리에게 그 땅의 고통과 희망을 동시에 전해주는 듯했습니다. 그 순간, 발아래에서 부드럽게 뭉개지는 눈의 감촉과 차가운 공기가 현실을 일깨웠습니다.

강가를 걷고 있는데, 북한에서 온 듯한 남자의 얼굴이 우리의 시선을 사로잡았습니다. 이주노동자인 듯했는데, 고단함이 새겨진 그의 표정은 마치 우리를 기다렸다고 말하는 것 같았습니다. 우리가 그에게 다가가 인사를 건넸을 때, 그의 입에서 나온 첫 마디는 뜻밖이었습니다. "도와주세요!"

작고 떨리는 그의 목소리는 우리의 여정을 완전히 바꾸었습니다. 그는 탈북자였습니다. 고된 탈출 과정에서 몸과 마음에 깊은 상처를 입었으며, 피신처가 절실했습니다. 그는 블라디보스토크의 그 지하교회 장로님을 만나 보호를 받게 됩니다. 그때 하신 장로님의 말씀이 아직도 기억납니다. "복음을 지키고 영혼을 구하는 일이 내 삶의 이유입니다." 그의 말에는 신앙의 깊은 결단과 용기가 담겨 있었습니다.

장로님은 탈북한 형제에게 두려움과 고통을 넘어서게 하고, 치유와 자유를 선물하고자 했습니다. 그의 아픔과 상처를 귀 기울여 듣고, 하나님의 능력을 의지해서 싸우는 모습은 장로님의 삶과 사역이 얼마나 깊은 헌신으로 이루어져 있는지를 보여주었습니다. 그런 장로님의 모습은 그 형제에게 도움을 주기 위해 법정에 섰을 때 더욱 빛이 났습니다. 탈북 형제와 자신이 섬기는 지하교회를 변호하며, 사형의 위협 속에서도 담대히 맞서는 모습은 마치 교회를 지키기 위해 독일 나치와 싸우던 본 회퍼 목사님 같았습니다. 복음과 정의를 위해 자신의 생명을 아끼지 않는 처절한 헌신이었습니다. 변호사도 없이 스스로 지혜롭게 변론하며 위기를 모면하는 그의 모습을 보며, 내 가슴 속에는 오직 깊은 존경과 감사만이 자리 잡았습니다. 그가 위험을 무릅쓰고 보여준 믿음은 기적을 이루어냈고, 결국 하나님의 승리가 선포되었습니다. 나는 그의 모습을 보며, 변호사란 단지 법적 대리인이 아니라 나를 위해 대신 싸우고, 나의 이야기를 들으며, 그 이야기를 세상에 전하는 사람이라는 것을 마음 깊이 깨달았습니다.

## 모든 사람이 정의의 변론자가 될 수 있다

스페인어로 '변호사'를 뜻하는 'abogado'는 '옹호자'라는 뜻을 품고 있습니다. 그 의미는 단순히 법정에서의 역할을 넘어섭니다. 변호사는 지지자이자 친구이며, 격려자이고 방패이며, 약자의 목소리가 세상에 닿도록 돕는 사람입니다.

   기독교에서 변호사를 뜻하는 단어인 '파라클레토스'는 '곁에 있다'라는 의미를 담고 있습니다. 요한복음 14장에서 성령을 가리키는 이 단어는 하나님께서 우리를 돕기 위해 보내주신 위로자, 곧 돕는 자를 뜻합니다. 그런 뜻이라면, 변론자는 단순히 방어하는 존재가 아닙니다. 곁에 서서 힘을 주고 방어하며, 변화의 여정을 함께 걸어가는 존재입니다.

   우리가 고통받을 때, 누군가 우리의 편에 서준다는 사실은 말로 표현할 수 없는 힘이자 위로입니다. 그런 점에서 진정한 변론이란 단순히 논리로 상대를 설득하거나 법을 따르는 일만이 아닙니다. 한 사람의 헌신이 세상의 균열을 메우고, 소외된 이에게 희

변호하기: '그를 위해서'뿐 아니라, '그와 함께' 하기

망과 존엄을 가져다줄 수 있도록 책임지는 행동을 말합니다.

법의 핵심 가치 중 하나는 "모든 사람이 정의의 변론자가 될 수 있다"라는 것입니다. 변론자는 부족함을 인정하고 사랑으로 채워가는 존재입니다. 그런 사람의 손길과 목소리를 통해 세상은 점점 더 따뜻해지고, 하나님의 나라가 이 땅에서 조금씩 이루어집니다.

나에게는 니콜라스(가명)라는 친구가 있습니다. 내가 선교사들과 함께 헝가리에서 루마니아로 들어갈 때 그를 만났습니다. 하필 루마니아 대통령이던 니콜라에 차우세스쿠를 몰아내기 위한 쿠테타가 일어났을 때였습니다.

루마니아의 플로이에슈티 대학의 교수이자 침례교회 집사인 니콜라스는 그 지역 사람들에게 버섯 연구자로 알려져 있습니다. 그는 나를 비롯한 선교사들이 30년 전에 소련과 루마니아의 집시 교인들을 찾아가 지하교회에서 함께 예배드릴 때부터 통역자였습니다. 우리를 루마니아 국경에서 소련까지 인도하는 길잡이 역할을 했습니다. 니콜라스는 선교사들에게 단순한 통역자와 길잡이 정도가 아닙니다. 목숨까지 지켜준 믿음의 30년지기이자 생명의 변론자였습니다. 또한 오래전부터 가장 소외된 이들과 함께해온 사람이기도 했습니다.

루마니아에는 로마족이라는 소외된 민족 공동체가 있습니다. 인도 북쪽에서 올라온 족속으로, 14세기부터 유럽에 들어와 살기 시작했습니다. 지금은 루마니아에만 60만에서 200만에 이르는 로마족이 집시가 되어 살고 있습니다. 그들은 주로 빈민촌에서 살며, 점성술, 목축, 악기 연주, 장터 판매 등을 하면서 생활을 이어가고 있습니다.

로마족은 루마니아에서 가장 차별받는 집단 중 하나입니다. 빈곤과 낮은 교육 수준, 실업률과 주거 불안정 등의 문제가 심각합니다. 교육의 기회가 제한돼 있고, 의료 서비스가 부족하며, 사회적 낙인 같은 구조적 차별이 존재합니다. 집시라고도 불리는 이들은 오랜 세월 동안 그렇게 눈에 보이지 않는 차별의 경계선 밖에서 살아야 했습니다. 멸시와 차별은 그들의 일상 가운데 너무도 자연스럽게 자리잡았고, 마치 숨을 쉬는 것처럼 익숙한 고통이 되어 있었습니다. 니콜라스는 그들의 그런 현실을 마주하면서 살았습니다. 그는 억눌린 로마족 아이들과 그 가족들을 위해 수십 년간 기도하며 묵묵히 싸웠고, 그들에게 손을 내밀었습니다.

그러던 어느 날, 니콜라스가 한 집시 아기를 만났습니다. 작고 연약한 생명이었지만, 아기의 눈빛에는 설명할 수 없는 외로움과 슬픔이 담겨 있었습니다. 니콜라스는 망설이지 않았습니다. 로마족에 대한 억압과 편견의 시선을 무시하고, 그 아이를 기꺼이 자신의 품에 안았습니다. 입양이라는, 매우 조용하지만 가장 강한 사랑의 결단을 내린 것입니다. 그리고 그는 외쳤습니다.

"루마니아가 자유를 외치고 독재를 무너뜨린 이유가 무엇입니까? 바로 억눌린 자들에게 존엄과 평등을 되돌려주기 위함이 아닙니까?"

변호하기: '그를 위해서'뿐 아니라, '그와 함께' 하기

그의 변론은 단지 법정에서의 말싸움이 아니었습니다. 하나님의 정의와 사랑을 입술이 아니라 삶으로 증명해내는 것이었습니다. 한 생명을 위한 끈질긴 호소였으며, 그 아이가 '하나님의 자녀'로 불릴 수 있도록, 존엄하게 살아가게 하려는 거룩한 집요함이었습니다. 그의 손길은 말보다 무거웠고, 그의 침묵은 외침보다 더 큰 울림이 되었습니다.

지금도 니콜라스는 하나님의 사랑과 정의를 세상에 드러내는 사명을 온전히 감당하고 있습니다. 그의 삶은 마치 성령께서 우리 안에서 탄식하며 우리를 위해 친히 변론하신다는 말씀의 살아 있는 증거처럼 느껴집니다. 그는 그 말씀을 보여주는 변론자입니다. 그의 품에 안긴 작은 아이는 세상이 결코 함부로 대할 수 없는 존엄의 기적이 되었습니다.

### for가 아니라 with여야 한다

변론한다는 말의 의미는 단순히 말로 설득하거나 돕는 것을 넘어 '함께한다'라는 것입니다. 예수님께서 제자들과 군중들과 함께하셨듯, 진정한 리더는 자신의 공동체와 함께해야 합니다. 만약 리더가 공동체와 함께하지 않는다면, 그의 리더십은 존재의 이유를 잃습니다.

나는 몇 해 전, 미국 타코마의 비영리단체인 '거리의 시편'(Street Psalms)이 개최한 교육 세미나에서 잊지 못할 원칙 하나를 배웠습니다. 세미나의 강사들은 삶 속에서 있을 수 있는 'to' 와 'for'와 'with'의 차이를 주제로 강의했습니다. 그리고 소그룹 모임을 통해 그 내용을 스스로에게 적용하는 훈련을 시켰습니다. 'to'와 'for'와 'with'는 익숙한 단어이지만, 강의에서 각 단어들에 대한 설명을 들은 다음, 내 생각의 모든 것이 바뀌었습니다.

'to'의 언어는 흔히 부계적이고 억압적인 구조를 만듭니다. 이는 '나는 너보다 뛰어나다'라는 전제를 내포합니다. 도움을 주는 사람은 우월한 위치에 서게 되고, 도움을 받는 사람은 무력한 존재로 남게 됩니다. 이런 관계에서는 진정한 상호작용이 일어나기 어렵습니다.

'for'의 언어는 그나마 선한 의도를 가지고 있지만, 여전히 대등한 관계를 형성하지 못합니다. 상대방을 돕는 대상으로 여기는 점에서는 'to'의 언어와 비슷하고, 그들에게 무언가를 해주어야 한다는 태도를 유지합니다. 'for'의 언어에는 진정한 연대감이 빠져 있습니다.

하지만 'with'의 언어는 모든 것을 바꿉니다. 'with'는 대등한 관계에서 시작됩니다. 함께 걸으며 서로 배우고, 같은 방향을 바라보는 것을 의미합니다. 예수님께서 우리와 함께하신 것처럼, 진정한 변호의 리더십은 바로 이런 'with'의 태도에서 출발합니다. 살아계신 성령님이 당신과 365일 24시간 언제 어떤 상황에서도, 당신이 어느 곳에 있어도 당신을 보호하고 인도하시기 위해 함께 계시는 것과 같습니다. 이보다 더 위대한 리더십은 없습

변호하기: '그를 위해서'뿐 아니라, '그와 함께' 하기

니다. 탈북 형제를 구한 블라디보스토크의 장로님과 니콜라스 교수가 바로 삶으로서 'with'를 구현한 사람들이었습니다.

우리가 'with'의 언어로 살아갈 때, 세상은 조금씩 변하기 시작합니다. 그것은 단순한 도움의 행위가 아니라 연대의 실천입니다. 그리스도의 사랑을 따라 함께 존재하는 것입니다. 그것이 진정한 변론이며 리더십입니다. 단순히 누군가를 향해(to), 누군가를 위해(for) 문제를 해결해주는 것을 넘어, 그들과 함께(with) 삶을 나누는 것입니다.

### 희망의 크기를 다르게 만드는 것

누군가를 위해 살아간다는 건 때로 그 사람을 대신해서 행동하는 것으로 드러나기도 합니다. 그가 하지 못하는 일을 대신 해주고, 쓰러졌을 때 대신 일어서주는 것입니다. 그런 사랑은 분명 귀하고 아름다운 헌신입니다. 하지만 거기서 한 걸음 더 나아가, 그 사람과 함께 걷는 것은 조금 다른 차원의 사랑입니다. '대신 해주는 사랑'이 어깨를 감싸안는 손길이라면, '함께 걷는 사랑'은 손을 잡고서 같이 걸어가는 발걸음입니다.

어떤 일이든 누군가 남을 위해 대신 해줄 때, 사람은 편안함을 느낍니다. 그러나 함께 걸을 때, 사람은 자신이 여전히 소중한 존재임을 느낍니다. 홀로가 아니라는 사실, 누군가가 내 옆에서 조용히 발을 맞춰준다는 사실은 설명할 수 없는 위로이자 깊은 격려가 됩니다. 그 순간, 희망은 외로움 속에서 빛나는 작은 촛불이기만 한 것이 아닙니다. 한낮의 햇살처럼, 함께 걷는 발걸음 속에서 환하고 따뜻하게 마음을 밝힙니다.

사랑은 대신 살아주는 일에서가 아니라, 같이 걸어주는 일에서 가장 따뜻해집니다. 누군가를 위해 대신 행동하는 것에서 누군가와 함께 걷는 것으로의 전환은 무엇을 다르게 만들까요? 그것은 사람이 느끼는 희망의 크기를 다르게 만듭니다.

노숙인을 위한 프로젝트를 맡고 있던 미나 자매는 자신을 언제나 공동체와 가족을 위해 기꺼이 내어놓는 사람이었습니다. 그녀는 늘 누군가를 돕고 있었고, 그 손길엔 따뜻함이 깃들어 있었습니다. 그녀의 삶은 명백히 'for'의 리더십이었습니다. 언제나 곁에 있는 누군가를 위한 사랑으로 가득했습니다. 하지만 시간이 흐르면서, 미나 자매의 선한 의도는 조금씩 통제의 그림자를 품기 시작했습니다. 상대를 돕고자 하는 마음이 커질수록 상대의 삶에 방향을 정해주고 싶어졌고, 그녀의 손길은 어느덧 '선택권을 가져간 친절'로 다가갔습니다. "이게 더 좋아요. 이렇게 하면 돼요." 미나의 조언은 따뜻했지만, 때로 숨이 막히기도 했습니다. 도움에는 열려 있었지만, 관계에는 닫혀 있었습니다. 결국 어느 날, 그녀는 지치고 말았습니다. '내가 이렇게 애를 쓰는데, 마음은 왜 더 외로워질까?'

그로부터 일 년쯤이 흘렀을 때, 사람들은 미나의 모습에서 어떤 '전환'을 느끼기 시작했습니다. 이전에는 노숙인들을 '위해' 음식을 배급하기만 하던 그녀가, 이제는 그들과 '함께' 식사를 하고 있었습니다. 겨울엔 밤에 이불을 건네주는 데서 그치지 않고, 직접 그들의 잠자리를 다정하게 만들어주기도 했습니다. 그녀는 이제 더 이상 누군가를 '위해' 일하는 리더가 아니었습니다. 그들과 '함께' 살아가는 동행의 사람이 되어 있었습니다.

미나의 변화는 말보다 손이 먼저 움직이는 것이었습니다. 묵묵히 땀 흘리며, 때론 웃으면서 섬기는 조용한 사랑이었습니다. 그녀의 발걸음은 더 이상 빠르지도 무겁지도 않았고, 그녀의 밝은 미소에는 상대를 바꾸려는 열망이 아닌, 존재 그대로를 존중하는 마음이 담겨 있었습니다. 시간이 지나면서 노숙인들은 그녀를 '도와주는 사람'이 아닌 '함께 살아가는 친구'로 부르기 시작했습니다. 미나의 리더십은 그렇게 바뀌었습니다. 'for'에서 'with'로. 위에서 내려주던 손이 옆에서 맞잡는 손이 되었습니다. 그것이 노숙자를 위한 진정한 변론의 모습이기도 했기에, 노숙자들은 그녀를 따르게 되었습니다. 미나는 노숙자를 진정으로 대변하는 자가 되었고, 이제는 그녀의 손을 통해 희망이 전해지고 있습니다.

## 동행이 가장 큰 리더십이 될 수 잇다

'with'의 변론과 리더십은 태도가 완전히 다릅니다. 그것은 상대방과 나란히 걸으며, 해결 방법을 함께 찾아가는 과정입니다. 상대방의 고통을 '대신' 해결하려는 대신, 그 고통에 깊이 들어가 귀를 기울이고 '동행'하는 것입니다. "나는 당신과 함께 있습니다"라는 메시지를 담아, 힘들고 복잡한 여정을 같이 나누는 태도가 만드는 관계는 진정한 힘을 발휘합니다.

우리 교회에는 다섯 살 때 누나의 손을 꼭 붙잡고 온 몽골 아이가 있습니다. 이름은 타미르입니다. 그 아이가 우리 교회에 처음 왔을 때, 눈빛에는 낯섦과 조심스러움이 함께 머물러 있었습니다. 마음의 문을 굳게 닫고 있는 것처럼 보였습니다. 말은 없었지만, 그래도 눈빛은 늘 주변을 살피고 있었습니다. 그때의 타미르는 속마음을 감추기 위해, 어쩌다 입을 열면 작은 거짓말로 자기의 삶을 덮어두던 아이였습니다. 어쩌면 나름의 방식으로, 세상으로부터 자신을 지키려 했던 것입니다.

타미르는 내 딸과 또래였기에, 우리는 자연스레 한 가족처럼 지냈습니다. 나는 딸과 함께, 타미르에게 세례를 베풀기도 했습니다. 세례의 물이 이마에 닿던 순간, 나는 아이의 작은 어깨에 하나님께서 허락하실 미래가 임하기를 기도하며 묘한 감동을 느꼈습니다. 그 후 나는 매 주일, 그가 대학으로 떠나는 날까지 딸과 함께 타미르를 집에 데려다주었습니다. 그가 어릴 때부터 그의 작은 손을 꼭 잡고서 종종 아이스크림을 사주기도 하면서, 그 아이와의 거리를 천천히 좁혀갔습니다. 사랑이라는 이름으로, 아무 말 없이 시간을 건네주었습니다.

시간이 흘러, 작은 거짓말을 하던 아이는 조금씩, 아주 천천히 진실한 아이로 변해가기 시작했습니다. 표정이 달라졌고, 눈빛은 부드러워졌으며, 무엇보다 예배드리는 모습에서 더 이상 숨기려는 긴장이 아닌, 하나님 앞에서의 순수한 마음이 보이기 시작했습니다. 그 변화는 소리 없이 다가왔지만, 그 아이의 삶 전체를 감싸는 은혜가 있었기 때문이라는 걸 우리는 알았습니다. 거짓으로 자신을 숨기던 아이가 진실로 하나님 앞에 서기까지, 그 여정에 누군가의 섬김과 인도가 있었겠지만, 사실은 하나님의 인내와 사랑의 발자취가 있었을 것입니다.

타미르는 교회 안에서 정성과 믿음으로 길러졌고, 어느덧 든든한 청년으로 자라났습니다. 그의 변화는 한 가지 뚜렷하고 중요한 사실을 우리에게 알려주었습니다. 'with'의 리더십, 즉 함께 살아가는 리더십에는 거창한 사역도 멋진 설교도 필요하지 않다는 것입니다. 단지 곁을 지켜주는 시간, 묵묵히 함께 있어주는 따뜻한 마음만으로 한 사람의 인생이 충분히 변화될 수 있다는 것입니다. 내가 타미르와 걸어온 시간은 그저 '도와주는 삶'이 아니라 '함께 살아주는 삶'이 얼마나 강력한지를 보여주는 증거가 되었습니다. 그 아이가 자라면서 보여준 믿음과 성장은 하나님께서 우리 모두에게 주시는 응답 같았습니다.

타미르는 몽골에서 미국으로 이주하여 힘든 시간을 보냈지만, 우리 교회의 사랑 속에서 자랐습니다. 하지만 그의 가족은 정말 가난했고, 도움이 필요할 때마다 많은 이들에게서 상처를 받았습니다. 교회 안팎으로부터 "돕겠다"라는 말은 많이 들었습니다. 사람들은 그런 말을 선의로 자주 했지만, 실제로 그들의 곁에 머물러주는 이는 극히 적었습니다.

비가 부슬부슬 내리던 어느 늦은 오후, 타미르가 고등학생일 때, 내가 차 한 잔을 사이에 두고서 그와 이야기를 나누던 날이 생각납니다. 그가 고개를 숙인 채, 조용히 내게 말했습니다.

"모두 저를 돕겠다는 도움을 빙자해서 저를 이용하려고 해요. 그런데 목사님, 저는 그저 친구가 필요할 뿐이에요."

타미르의 말은 내리는 비처럼 내 마음속에 스며들었습니다. 그가 원했던 것은 해결책이 아니었습니다. 그저 그의 곁에 머물며 함께 울고 웃어줄 한 사람이었습니다. 그날 나는 깊은 깨달음을 얻었습니다. 그의 말은 나의 목회에도 큰 영향을 끼쳤습니다. 사람을 변화시키고 세상을 바꾸는 리더십은 'to'나 'for'의 태도에서 시작되지 않는다는 단순한 진리를 가르쳐주었기 때문입니다. 우리는 함께 존재해야 하며, 서로를 온전히 받아들일 때 비로소 변화가 시작된다는 교훈을 그의 말에서 받았습니다.

우리가 누군가를 도울 때, 상대가 원하지도 않은 해결책을 제안하며 우리의 방식을 강요할 때가 있습니다. 하지만 사람들이 필요로 하는 것은 도움을 빙자한 관계가 아닙니다. 있는 그대로의 자신을 받아주는 동행입니다. 그래서 타미르 같은 사람들은 자신이 '프로젝트의 대상'처럼 느껴질 때 마음의 문을 닫아버립니다. 그들이 원하는 것은 전문가의 조언이 아닙니다. 친구의 따뜻한 손길입니다.

'to'와 'for'의 리더십은 익숙하고 쉽습니다. 하지만 그것으

변호하기: '그를 위해서'뿐 아니라, '그와 함께' 하기

로는 사람의 마음을 바꿀 수 없습니다. 진정한 변화는 'with'에서 시작됩니다. 'with'의 리더십은 삶을 변화시키는 힘입니다. 'with'에서 시작되는 리더십은 함께 걷고 함께 아파하며, 함께 웃으며 살아가는 삶의 현장에서 비로소 꽃을 피웁니다. 그 여정이 비록 고될 수는 있겠지만, 당신이 그 여정을 선택한다면 삶의 깊은 곳에서 피어나는 사랑과 관계의 열매를 보게 될 것입니다.

누군가를 변호하는 삶이 힘들 때도 있습니다. 그때 발휘할 리더십은 문제를 해결하려는 'for'의 리더십이 아닙니다. 누군가의 곁에서 그들과 함께 서는 'with'의 헌신에서 시작되어야 합니다. 'with'의 리더십은 살만한 세상을 찾는 이들에게 진정한 사랑과 헌신이 어떤 모습이어야 하는지를 보여줍니다. 당신이 그런 지도자가 되어서 세상에 사랑과 희망을 새기는 사람이 되기를 바랍니다. 세상은 당신이 어떤 사람인지, 어떤 리더인지 지켜보고 있습니다.

## 부서진 이야기에 마음을 집중하라

우리는 종종, 스스로 모든 어려움을 이겨낼 수 있다고 믿고 싶어집니다. 의지와 노력과 믿음만 있다면 무너지지 않을 거라고, 아니, 그래야만 한다고 애써 다짐합니다. 그러나 현실은 그리 단순하지 않습니다. 세상에는 한 사람이 혼자 감당하기에는 너무 크고 무거운 장애물이 존재합니다.

교실에서 괴롭힘을 당하는 아이가 자기 힘만으로 벗어나기 어렵듯, 현실은 매정하고 사람을 조용히 꺾어놓습니다. 그럴 때, 우리는 그들에게 변론자가 되어야 합니다. 홀로 침묵 속에서 길을 잃지 않도록 누군가의 이야기를 들어주고, 세상 앞에서 그의 편에 서주는 사람이 되어야 합니다. 우리가 지켜주어야 할 것이 단지 그런 사람들의 생명만이 아니기 때문입니다. 그 생명 속에 담긴 존엄과 잊혀져가는 목소리의 진실입니다. 그 목소리가 누군가를 통해서라도 들리지 않으면, 세상은 너무나 쉽게 그 누군가를 지워버립니다. 그러니 우리가 대신해서라도, 그 목소리가 들리게 해야 합니다. 우리가 울지 못하는 사람을 대신해서 울고, 말하지 못하는 이의 말을 가슴으로 외칠 수 있어야 합니다.

어떤 사람이든 자신이 속한 곳에서 리더가 되기를 꿈꿀 수 있습니다. 하지만 아무리 자신의 능력을 증명하려 해도. 그 자신을 진심으로 보려 하지 않는 구조 속에서는 서서히 지쳐가기 마련입니다. 그렇다면 세상에 무언가 잘못된 것이 있는 것이 분명한데, 그 잘못은 너무나 정교하게 침묵으로 포장돼 있었습니다. 그런 포장 속에 갇힌 사람이 하나나 둘이 아닐 수 있습니다. 어딘가에서든 부당한 대우를 받으며, 자신이 잘못되지 않았음을 증명하기 위해 에너지를 소모하고 있는 누군가가 또 있을지 모릅니다.

예컨대, 성적 학대의 피해자는 말할 수 없는 고통을 껴안고서, 깊은 침묵의 감옥 속에서 하루하루를 견뎌냅니다. 불법 이민자는 단지 자신을 변호하려 했다는 이유로 억울한 구금과 추방의 위협을 받기도 합니다. 그들에게는 단 한 사람, 그들과 함께 할 변론자가 필요합니다. 그들의 부서진 이야기를 들어주고, 그들 스스로는 말할 수 없는 것을 마침내 세상 앞에 대신 말해주는 사람이 있어야 합니다. 세상이 만들어놓은 높은 벽을 허물어주고, 그들에게 날아오는 화살에 맞서 방패가 되어주는 사람이 절실합니다. 그것이 바로 우리가 공동체의 일원으로서, 그리고 하나님의 형상대로 지음받은 사람으로서 걸어야 할 변론자의 길이라고 나는 믿습니다.

세상에서 단 한 사람이라도, 자신을 대신해 끝까지 함께 있어줄 누군가가 곁에 있다는 사실은 또 다른 누군가에게 다시 살아갈 용기를 주는 희망의 시작이 될 수 있지 않을까요?

## 그러면 우리가 해야 할 일은 무엇일까요?

우리 교회에 온 히스패닉 성도, 고메즈 형제의 가정을 처음 만났던 날이 아직도 기억납니다. 우리 교회의 도움으로, 그날 그는 작은 아파트에서 새로운 삶을 시작하게 되었습니다. 얼마나 기뻤던지요. 정작 그는 기쁘다는 말조차 하지 못했지만, 나는 그의 눈빛에서 조용한 기적을 보았습니다. 절망으로 말라가던 마음의 밭에 다시 희망의 꽃이 피어나는 순간을 본 것입니다.

고메즈의 곁에는 긴 검은머리를 가진 그의 아내, 사라가 있었습니다. 그녀는 온화한 미소를 머금은 채, 빠르고도 명확한 말투로 그들의 이야기를 차분히 내게 들려주었습니다. 나는 그녀의 목소리를 듣는 동안, 마치 어두운 방 안에 서서히 아침 햇살이 스며드는 듯한 느낌을 받았습니다. 한줄기 따뜻한 빛이 내 마음의 방 안으로 들어와, 어두운 벽을 조용히 밝히는 것 같았습니다.

시간이 꽤 흘러, 몇 해가 지났습니다. 이제 그 가족은 더 이상 도움을 받는 이들이 아닙니다. 그들이 겪은 고통과 회복의 이야기를 누군가에게 들려주며, 난민을 돕는 사역자가 되어 있습니다. 고메즈는 가장 취약한 처지에 놓인 난민 가족들에게 기꺼이 자신의 시간과 경험과 지혜를 내어주며, 무료 상담을 비롯해 실제적인 지원을 아끼지 않고 있습니다. 사라는 기업과 교회에서, 심지어 유엔과도 협력하여, 목소리를 잃은 이들을 위해 끊임없이 변론하고 있습니다. 나는 이 부부의 모습을 보면서, 이들이 단지 '그들을 위해' 일하는 사람이 아니라, '그들과 함께' 사는 사람이 되었다는 걸 깨달았습니다. 이 부부는 책상 건너편에 앉아 있는 사람이 아닙니다. 난민과 같은 땅 위에 같은 눈높이로 옆에 서서, 그들의 이야기를 자신의 이야기처럼 품는 사람이 되었습니다.

나는 고메즈 부부가 목소리를 잃은 난민을 위해, 그리고 세상을 향해 '소외된 자와 함께 해야 하는 이유'를 변함없이 변론하는 모습을 보며, 그들이 진심으로 난민들을 위하는 마음을 가지고 있다는 것을 알게 되었습니다. 고메즈와 사라 가족이 걸어가는 길은 단지 봉사나 선행이 아닙니다. 희망을 지켜주는 삶입니다. 도움이 필요한 사람들과 함께하며, 그들의 손을 놓지 않는 이들

변호하기: '그를 위해서'뿐 아니라, '그와 함께' 하기

이 이 세상을 조용히, 확실히 변화시켜 나가고 있다고 믿습니다.

우리도 우리가 속한 자리에서 자기의 목소리를 내지 못하는 이들과 함께할 수 있습니다. 만약 당신이 회사의 리더라면, 나는 당신이 가장 눈에 띄지 않는 직원이나 동료에게 다가가 그들의 어려움에 귀를 기울이는 작은 용기를 가지라고 격려하겠습니다. 자기의 힘과 자원을 사용해서 약한 자를 보호하고, 그들의 이야기를 세상에 알리는 것이야말로 리더십의 본질이 아닐까 하는 생각이 들어서입니다. 그러자면 약자와 같은 '부담스러운 대상'과 거리를 두고 안주하려는 유혹에 빠지지 말아야 합니다. 공동체 안에서 진정한 관계를 맺게 하고, 공동체가 사회적 편견에도 함께 맞설 수 있는 문화를 만드는 것은 리더의 임무일 것입니다.

이제 우리는 다음과 같은 몇 가지 질문을 할 수 있습니다. 다음의 질문에서 '우리가'를 '내가'로 바꾸어 질문해도 됩니다.

"그러면 우리가 해야 할 일은 무엇일까요?"

이 질문은 단순히 열정과 노력을 묻는 것을 넘어섭니다. 내가 진리를 중심으로 삼고 있는지, 함께하는 사람들이 올바른 길을 걷고 있는지 점검하는 질문이기도 합니다. 함께하는 사람들과 주변의 상황에서 내가 할 수 있는 일을 찾아야 하기 때문입니다.

"우리가 지금 할 수 있는 일은 무엇일까요?"

이 질문은 현재의 선택이 진리를 따르고 있는지를 확인하며, 나아갈 방향을 다시 정리할 기회를 줍니다.

"우리가 놓친 것은 무엇일까요?"

이 질문은 우리가 겸손하게 자신을 돌아보고, 열린 마음으로 동료와 협력할 수 있도록 돕습니다. 각자일 때는 완벽하기 어렵기 때문입니다. 사실 우리 각자는 당연히 완벽하지 않습니다. 리더가 되면 더욱 그렇게 됩니다. 그러나 진리를 기준으로 삼고서 서로를 신뢰할 수 있는 동료들과 함께한다면, 우리가 섬기는 공동체는 위기의 순간에도 다시 힘을 모아 앞으로 나아갈 수 있습니다.

## 진리를 어떻게 변론할 수 있을까?

우리가 사람이 아닌 진리나 가치를 변론해야 할 때도 있습니다. 신학적 변증이나 영적인 논의를 해야 할 때도 있습니다. 사회적, 문화적, 정치적, 역사적, 철학적 문제들 앞에서도 변론해야 할 때가 있습니다. 우리는 그럴 때마다 진리의 기준을 세워야 합니다. 그 기준은 단순히 옳고 그름을 논하는 데서 멈추지 않습니다. 특별히 복음과 진리를 변론하기 위한 기준은 우리의 행동에서 드러나야 합니다. 진리는 오직 그리스도이십니다. 그분만이 길이요 진리이십니다. 그러므로 그리스도인의 삶의 기준은 당연히 그리스도가 드러나는 것이어야 합니다.

나는 그리스도인이자 리더로서, 공동체와 세상을 위해 어떤 변화를 일으킬 수 있을지, 진리를 어떻게 변론하며 살아갈지를 늘 고민합니다. 진리는 성경 속에 분명히 자리하고 있지만, 그것이

변호하기: '그를 위해서' 뿐 아니라, '그와 함께' 하기

단지 머릿속의 지식이나 입술의 논쟁에만 머물러서는 안 된다고 믿습니다. 삶으로 진리를 보임으로써 선한 영향력을 세상에 흘려보내는 것이야말로 진리를 나타내 보이는 것입니다.

내가 꿈꾸는 리더십은 논쟁으로 누군가를 이기는 것이 아닙니다. 진리의 빛으로 사람들의 삶을 따뜻하게 비추고, 어두운 곳에 작은 변화의 씨앗을 심는 일입니다. 진리는 그 자체로 강하지만, 내가 그 진리를 온유함과 용기로 살아낼 때, 세상은 조금씩 선한 방향으로 바뀌어 갈 것이기 때문입니다. 그러므로 그리스도인은 편견과 선입견을 내려놓고, 오직 하늘의 가치와 생명, 즉 진리만을 기준으로 삼아야 합니다. 그것이 세상을 변화시키는 진정한 리더의 모습일 것입니다.

나의 고민은 결국 이 질문으로 귀결됩니다.

"사랑으로 어떻게 변론할 것인가?"

"그리스도의 사랑 안에서, 진리를 어떻게 행동으로 보여줄 것인가?"

이 질문들이 내 삶의 방향을 결정합니다. 이 질문들이 우리 삶의 자리와 행동에서, 그리고 우리의 입에서 흘러나올 때, 우리는 비로소 진리 속에 뿌리를 내린 리더가 됩니다.

진리를 변호하는 일은 생명을 살리고, 세상을 바꾸는 가치 있는 여정입니다. 이 일은 빛이신 그리스도를 변론하는 일이기도 합니다. 그리스도의 진리는 곧 사랑이고, 그 사랑이 모든 기준의 시작이자 끝입니다. 그래서 어둡고 혼란스러운 세상은 사랑, 정의, 공의, 평등과 같은 단어를 두려워합니다. 이런 진리의 단어를 위해 변론하는 과정은 우리에게 인내와 사랑 사이에서 건강한 경계를 배우게 합니다. 분노와 짜증, 좌절과 절망을 어떻게 다룰지도 고민하게 만듭니다.

진리를 위한 변론은 단순히 자기의 지식이나 의견을 표출하는 것이 아닙니다. 다른 이들의 마음을 열게 하고, 그들도 스스로의 목소리를 낼 수 있도록, 그들에게 영감을 주는 일입니다.

진리를 변론하는 리더십은 다른 이들과의 연대를 의미하기도 합니다. 연대는 사랑을 나타내는 가장 강력한 방식 가운데 하나입니다. 교회와 함께, 공동체의 한 지체로서 자기의 믿음과 행동이 이어서 맞닿을 때, 비로소 세상 속에 빛을 비추는 선한 변화가 시작된다고 나는 확신합니다.

나는 혼자가 아닙니다. 치유와 경청, 사랑과 포용, 평등과 옹호. 이 모든 것은 우리의 삶 속에서 긴밀히 얽혀 있습니다. 우리는 이 여정을 혼자가 아니라 함께 걷고 있습니다. 고통과 슬픔이 교차하는 순간도 있겠지만, 그 안에서 서로에게 희망이 되어주기를 바랍니다. 서로에게 변호자가 되어 함께 자라고 돕고 나누며, 한 걸음씩 진리와 사랑의 길을 걸어가기를 소망합니다. 그리스도께서 형제를 사랑하라고, 함께 걸으라고 여러분을 부르셨습니다.

변호하기: '그를 위해서'뿐 아니라, '그와 함께' 하기

―― chapter 6 ――

# *Equalizing*

# 공의롭기
## : 땅에서도 하늘에서 하는 것처럼 대하기

평등(Equalizing)은 인간관계에서 공정과 공의를 실천하고, 모두가 동등하게 대우받는 세상을 지향하는 중요한 개념이다. 성경은 '정의'와 '공평'(미 6:8; 고후 8:13-14)을 강조하며, 예수님의 리더십 또한 제자들과 동등한 관계를 기반으로 한 섬김의 모델을 보여준다. Equalizing은 단순히 같게 만드는 것이 아니라 하나님의 공의에 따라 세상의 균형을 잡고, 약자가 존중받는 기회를 회복하는 과정이다. 그래서 우리는 Equalizing을 평등으로 바라보되 하나님의 '공의' 속에서 이해한다.

> 공의는 태도가 아니라 연습이 필요한 능력이다.
> _브리트 흄, 미국 언론인(Brit Hume, American Journalist)

## 모두가 존중받을 수 있는 기회

당신은 "세상이 공의롭고 모든 사람이 형능한가요?"라는 질문을 생각해 보셨을 것입니다. 이 질문은 단순한 수학 문제처럼 보이지만, 마음으로는 쉽게 답하기 어려운 질문입니다. 왜냐하면, 평등에는 공의의 개념이 내포돼 있기 때문입니다.

공항 출국장에서, 시간은 촉박한데 짐을 검사하는 줄이 너무 길어 속이 타들어 가던 날이 있었습니다. 초조함이 발끝부터 목구멍까지 차오를 즈음, 어떤 공항 직원이 내 앞에서 한 사람을 앞으로 데려가더니, 특별히 빠르게 출국할 수 있도록 도와주었습니다. 그 사람과 나는 동행이었습니다. 같은 비행기를 타는 사람이었기에, 나도 조심스럽게 그 직원에게 물었습니다.

"저분과 같은 비행기를 타는 일행인데, 저도 같이 가도 될까요?"

하지만 단호하게 돌아온 대답은 "안 됩니다!"(No!)였습니다. 이해하려 애썼지만, 마음 한편엔 서늘한 감정이 스쳤습니다. 그 동행자는 백인이었거든요. 순식간에 이런 생각이 들었습니다.

'세상은 정말 공평하지 않구나.'

다행히 그 동행자가 돌아와 "이 사람과 나는 같이 가야 한다"라고 말해주었고, 우리는 함께 비행기에 오를 수 있었습니다. 그러나, 그날 내 안에 생긴 불쾌한 감정은 비행기를 같이 타는 것으로 해결되지 않았습니다. 마음속 깊이, "평등이란 무엇일까?"라는 질문을 품게 되었습니다.

우리는 모두 살아가면서, 적어도 한 번쯤은 불평등을 경험합니다. 정당하게 노력했음에도 '내정된 결과' 앞에서 무너졌던 일, 공정하지 않은 시스템의 벽 앞에서 힘없이 돌아서야 했던 적이 있었을 겁니다. 그럴 때마다 우리는 "정말 우리는 모두 평등한가?"라는 질문 앞에 서게 됩니다. 하지만 이 질문은 세상이 평등하지 않다는 것을 다시 확인하는 질문이 아니라, 우리가 평등을 지켜야 할 이유를 되새기게 만드는 질문이 아닐까요?

우리가 꿈꾸는 것은 완벽한 균등이 아닙니다. 존중받을 수 있는 기회를 모두에게 열어주는 세상일 것입니다. 그런 세상은 우리가 한 사람을 어떻게 바라보고, 어떻게 함께 걸어가는가에서부터 조용히 시작됩니다. 누군가를 먼저 앞에 세우는 것이 아니라, 모두가 함께 설 수 있도록 손을 내미는 사람, 공항에서의 내 동행처럼 "같이 가야 한다"라고 말할 수 있는 용기를 가진 사람, 그것이 우리가 지녀야 할 진짜 권력을 가진 사람의 모습이고, 작은 정의의 시작일지도 모릅니다.

한동대학교 국제법률대학원의 정문에는 이런 글이 적혀 있습니다.

"정의를 행하며 인자를 사랑하며, 겸손히 네 하나님과 함께 행하는 것이 아니냐."

이 구절은 미가서 6장 8절 말씀으로, 한동대학교의 법률 교육 철학을 담고 있습니다. 국제법률대학원 입구에 새겨진 이 말씀은 그 가치를 상징적으로 드러내며, 학생들 스스로 'Why not change the world?'라는 질문을 하도록 합니다.

사실 "정의를 행하며 인자를 사랑하며, 겸손히 네 하나님과 함께 행하는 것이 아니냐"라는 이 말씀은 하나님의 뜻에 맞는 방법으로 정의를 행하면서 세상을 바꾸는 것이 우리 모두에게 주어진 과제임을 말해줍니다.

국제법률대학원의 초대 대학원장인 제임스 J. 바워스 교수님은 이 말씀을 특히 사랑하셨습니다. 그는 미국 리버티대학교에서 법학을 가르쳤던 분이며, 미국 법무부에서 헌법, 국제법, 인권 분야에 이바지했던 경험을 바탕으로 한동대학교 법률대학원을 이끌면서, 정의와 겸손과 윤리를 추구하는 법률 교육의 방향을 제시하셨습니다. 그의 영향으로 한동대학교는 지난 30년간 무려 640명의 국제변호사를 배출하였으며, 세계를 선한 영향력으로 변화시키고자 하는 리더를 길러내고 있습니다.

## 정의의 기준은 누구에게 있는가?

"세상이 평등한가요?"

이 질문은 단순한 듯 보이지만, 사실 그 대답은 각자의 삶의 자리, 그리고 힘의 위치에 따라 달라집니다.

어떤 이는 "우리는 모두 하나님 앞에서 평등하다"라는 믿음의 언어로 "그래야 한다"라고 말할지 모릅니다. 하지만 어떤 이는 피부색, 성별, 사회적 지위, 성적 지향, 그리고 출신 국가가 다르다는 이유만으로 늘 주변부에 밀려나 있었기에, 아마도 이렇게 속삭일지 모릅니다.

"누구나 세상이 평등하지 않다는 걸 알고 있어요."

이 말 앞에서 우리는 침묵할 수밖에 없습니다. 그의 삶이 증언하기 때문입니다. 맞습니다. 하나님의 마음과 우리가 살아가는 현실은 너무도 다릅니다. 하나님의 기준은 '존재의 존엄'에 있고, 세상의 기준은 '유용성'과 '속도'에 있습니다. 그래서 우리가 사는 이 땅은 평등하지 않습니다. 세상은 하나님이 아니라 사람 중심의 가치관을, 그 중에서도 '나' 중심의 질서를 따르고 있기 때문입니다. 그 질서의 중심에는 비교와 경쟁, 우월과 배제가 있습니다. 그 안에서는 누구도 진정한 평등을 경험할 수 없습니다.

그러나 우리가 잊지 말아야 할 것이 있습니다. 세상이 그러하다고 해서, 우리의 기준까지 세상에 맞출 필요는 없다는 것입니다. 정의의 기준은 인간이 아니라 하나님이셔야 합니다. 평등의 출발점은 제도나 구조가 아니라 하나님의 시선이 닿는 곳을 향하는 우리의 선택입니다. 우리가 평등을 말할 수 있는 이유는 세상이 그래야 하기 때문이 아니라 하나님께서 그러하신 분이기 때문입니다. 그분은 우리를 높고 낮음을 따라 사랑하지 않으시며, 크고 작음을 따라 귀하게 여기지 않으십니다.

하나님의 평등은 사람을 '위해' 존재하는 것이 아니라 사람과 '함께' 존재하는 정의입니다. 그 평등은 멀리 있는 이상이 아닙니다. 우리의 일상에서 조금씩 실현해나가야 할 현실의 목표입니다. 우리가 그 평등과 정의의 세계에 아직 이르지는 못했더라도, 그곳을 향해 매일 조금씩 나아갈 수는 있습니다. 우리가 지금 누구를 어떻게 바라보는지, 어떤 목소리에 귀를 기울이고 어떤 약자를 기억하는지, 그 작고 진실한 태도 속에서 하나님의 정의는 자라고 있습니다.

그렇다면, 세상의 정의는 누구를 위한 걸까요? 강한 쪽을 위한 수단일까요? 아니면 약한 쪽을 위한 위로일까요? 우리는 '정의'라는 말을 종종 하지만, 그 단어는 너무나 자주 누군가의 편에 서기 위해 사용되곤 합니다.

마틴 루터 킹은 말했습니다.

"Injustice anywhere is a threat to justice everywhere."

어디서든 불의가 존재한다면, 그것은 단지 그곳의 문제가 아니라 세상 전체의 정의를 흔드는 위협이 된다는 말입니다.

엘리너 루스벨트는 유엔 세계인권선언문을 쓸 때 이렇게 말했습니다.

"Justice cannot be for one side alone, but must be for both."

정의가 결코 한쪽만을 위한 것이어서는 안 된다는 것입니다.

이 두 인물의 말에는 정의가 지녀야 할 균형과 보편성, 그리고 편들지 않는 공의로움이 담겨 있습니다.

진정한 정의는 어떤 이의 권력이나 감정에 따라 움직이는 것이 아닙니다. 모든 사람을 자신의 형상대로 창조하신 하나님의 마음에서 비롯되어야 합니다. 하나님은 높은 자나 낮은 자, 강한 자나 약한 자나 모두 한 손으로 품는 분이시기 때문입니다.

하지만 우리의 현실은 그렇지 않다는 걸 우리가 잘 압니다. 하나님의 정의와 세상의 정의 사이에는 분명한 간극이 있습니다. 그 틈은 종종 편견과 욕심과 두려움으로 채워집니다. 그 틈에서 많은 이들이 상처받고 포기하고 침묵합니다. 세상은 불공정하고, 때로는 너무나 노골적으로 억울합니다. 어떤 날은 정의라는 단어를 말하는 것조차 깊은 한숨처럼 무거울 때가 있습니다. '평등'이라는 이상은 오늘날의 우리에게 점점 더 먼 이야기처럼 느껴집니다. 하지만 그럴수록 우리는 다시 하나님을 바라보아야 합니다. 하나님께서 우리가 정의와 겸손으로 서로를 대하며 '틈'을 좁히는 도구가 되기를 원하신다는 걸 잊으면 안 됩니다.

"세상이 평등한가?"라는 질문을 늘 고민하고 그 답을 찾는 과정을 통해, 우리가 하나님의 정의와 평등의 가치를 더 깊이 이해할 수 있기를 바랍니다. 정의는 결국 한 사람의 진심에서 시작되어 모두를 위한 자리까지 닿는 것이어야 합니다. 그 길의 중심에는 인간이 아니라 언제나 하나님의 마음이 있어야 합니다. "정의를 행하며 인자를 사랑하며 겸손하게 하나님과 함께 행하는 것"(미 6:8), 이 말씀이 우리가 세상을 바꾸는 첫걸음이 될 것입니다.

## 세상은 스스로 나아지지 않는다

세상의 공동체에서 평등이 가능하려면 리더의 마음이 달라야 합니다. 공동체를 이끄는 이들의 선택에는 공동체 안에 있는 사람들의 삶을 바꾸는 힘이 있기 때문입니다. 그러나 현실은 안타깝게도 다릅니다. 작은 교회든 큰 교회든, 작은 나라든 큰 나라든, '공정해야 할 기준'이 종종 힘 있는 자의 편의를 따라 바뀌곤 합니다. 법도 제도도, 리더의 시선이 닿는 곳에서 조용히 경계를 바꾸고 기준을 흔듭니다. 하지만 그리스도인의 리더십은 달라야 합니다. 그리스도인의 기준은 세상의 편리함이 아니라 하나님의 공의와 사랑이어야 하기 때문입니다. 하나님은 모두가 균등하게 사랑받기를 원하시며, 누구도 소외되지 않기를 바라시기 때문입니다. 그래서 바울은 이렇게 말했습니다. "너희의 풍성한 것이 그들의 부족함을 채우고, 그들의 풍성한 것이 너희의 부족함을 채우게 하여 서로 균형을 이루게 하려는 것이다."

"이는 다른 사람들은 평안하게 하고 너희는 곤고하게 하려는 것이 아니요 균등하게 하려 함이니 이제 너희의 넉넉한 것으로 그들의 부족한 것을 보충함은 후에 그들의 넉넉한 것으로 너희의 부족한 것을 보충하여 균등하게 하려 함이라"(고후 8:13-14).

하나님 나라의 리더십은 누구만 무거운 걸 들지 않도록 서로의 짐을 나누는 것입니다. 한 사람만 높아지지 않도록 서로를 끌어안고 끌어올리는 방식을 사용합니다. 그러나 우리가 잘 알고 있듯이, 세상의 평등은 결코 자연스럽게 이루어지지 않습니다. 신화와 역사, 문학과 문화는 물론이고 영화까지, 세상은 항상 불균형의 긴장을 소재로 삼아왔습니다. 왜일까요? 인간의 본능 속에 생존의 욕망과 우위의 본성이 깊이 자리하고 있기 때문입니다.

'더 나아가야 한다', '더 많이 가져야 한다', '더 높이 올라야 한다'라는 속삭임이 우리 안에 조용히 경쟁과 위계를 심어놓습니다. 그래서 땅에서는 평등이 자연스럽지 않은 겁니다. 정의는 가만히 두면 사라지고, 공정은 방치하면 기울어집니다. 하나님의 나라가 하늘에서 뚝 하고 떨어지지 않듯, 세상의 변화는 우리가 그저 바라보고 기다린다고 해서 오는 것이 아닌 겁니다.

사회학자 마거릿 휘틀리(Margaret Wheatley)는 이런 말을 남겼습니다. "용기의 가장 큰 원천은 우리가 행동하지 않으면 아무것도 나아지지 않으리라는 것을 깨닫는 데 있다."

세상은 결코 스스로 나아지지 않습니다. 불의는 가만히 두면 더 어긋나고, 차별은 방치할수록 더 견고해집니다. 그러니 우리는 정의를 위해 기도할 뿐 아니라 그 기도에 걸맞는 작은 용기와 책임 있는 행동으로, 먼저 움직여야 합니다. 그 행동의 시작이 때로는 두려울지라도, 그 끝은 반드시 하늘을 닮은 땅 어딘가일 것입니다. 정의와 사랑, 평등과 화해의 가치는 누군가가 믿고 실천할 때만 현실이 됩니다.

## 하늘에는 불균형이 없다

그런데, 이 땅의 불균형이 하늘에도 존재할까요? 하늘에서도 어떤 사람은 더 사랑받고 어떤 사람은 덜 누리며, 어떤 집단은 무시당하고 어떤 집단은 가치 있게 여겨질까요?

나는 믿습니다. 아니, 확신합니다.

"하늘에는 불균형이 없습니다!"

하지만 많은 사람들은 이 땅에서의 불평등이 하늘에서도 이어질 것처럼 생각하며 살아갑니다. 우리의 왜곡된 믿음이 의도하지 않은 불평등을 지속시키는 도구로 사용될 때도 있습니다. 예를 들어 "하늘나라에서는 이런 사람만이 환영받을 것이다"라는 식의 판단은 차별과 배제를 강화하는 결과를 낳을 수 있습니다.

하지만 예수님께서 보여주신 하늘나라의 비전은 그런 잘못된 판단과 거리가 멉니다. 하나님의 나라는 모든 벽이 무너지고 모든 사람이 동등하게 존중받는 평화와 사랑의 공동체입니다. 내가 꿈꾸는 '땅에서의 천국'도 그와 같습니다. 모든 사람이 동등하게 존엄과 가치를 인정받는 세상입니다.

예수님께서 우리에게 가르쳐주신 기도가 있습니다. "아버지의 나라가 오게 하시며, 아버지의 뜻이 하늘에서 이루어진 것 같이 땅에서도 이루어지게 하소서"(마 6:10). 이 기도는 우리가 그저 하늘나라를 소망하라는 간구가 아닙니다. 하늘의 뜻이 이 땅에서도 이루어질 수 있음을 믿고, 그렇게 되도록 기도하며 살아가라는 가르침입니다. 그러므로, 이 기도가 오늘 우리의 삶에서 정의와 평등의 여정으로 드러나도록 해야 합니다.

말뿐이 아닌 삶으로, 생각만이 아닌 행동으로, 하나님께서 우리에게 맡기신 이 책임을 기쁨으로 받아들일 수 있으면 좋겠습니다. 크든 작든 각자의 자리에서 하나님 나라의 정의와 평등을 조용히 실천해가는 것, 그것이 우리에게 주어진 소명입니다.

하나님의 나라는 우리가 지금 이 자리에서 현실로 이루어가야 할 나라입니다. 하나님의 뜻은 저 멀리 있는 이상이 아닙니다. 예수님께서 가르치신 하나님의 나라는 우리가 무릎 꿇어 기도할 때, 그리고 그 기도에 걸맞는 용기를 가지고서 움직일 때 비로소 드러나기 시작합니다.

사람들이 땅에서의 삶이 평등하지 않아서 쓰러질 때, 우리는 하나님께 평등한 사회를 만들어 달라고 기도해야 합니다. 두려움과 편견을 극복하고 서로를 평등하게 대하며, 사랑할 힘을 주시길 간청해야 합니다. 그럴 때부터 우리는 평등을 이뤄가는 삶의 여정에서 행동의 출발선에 서게 됩니다. 그 여정을 출발한 당신은 '하늘에서와 같이 땅에서도'라는 기도가 단지 말에 그치지 않고, 당신의 삶 속에서 구체적으로 실현되도록 전력으로 질주할 것입니다.

하늘나라는 편애도 편견도 없는 곳이며, 공평과 정의와 사랑이 단지 기준이 아니라 공기처럼 스며 있는 나라입니다. 그 나라는 '더 나은 사람'이 살아가는 곳이 아니라, '서로를 품는 사람'이 살아가는 곳입니다. 우리가 그 하늘을 꿈꾸며 살아간다면, 이 땅에서도 그 나라의 조각들을 조금씩 맞춰갈 수 있을 것입니다.

## 말하지 못한 자의 말을 대신 말하기

우리는 에스겔서 37장에서 놀라운 장면을 마주합니다. 죽음의 골짜기, 마른 뼈들이 흩어져 있는 곳, 희망이 완전히 사라진 침묵의 계곡입니다. 그 자리에서 하나님은 에스겔을 부르십니다. 그리고 말씀하십니다. "이 뼈들에게 생기를 불어넣어 살아나게 하라." 에스겔이 그 말씀에 순종했을 때, 그 골짜기에 생명이 일어났습니다. 희망을 잃은 이스라엘 백성이 다시 소망의 공동체로 세워진 것입니다.

에스겔이 본 이 환상은 단순히 하나님의 능력을 보여주는 장면이 아닙니다. 뼈가 서로 붙어 사람이 되어가는 물리적 회복만을 의미하지도 않습니다. 하나님께서 이스라엘을 회복하시겠다는 뜻을 한 인간인 에스겔에게 보여주신 것입니다. 인간의 존엄을 회복하고, 불의와 차별을 넘어서며, 하나님의 형상대로 창조된 모든 존재가 다시 숨을 쉬는 세상을 만드는 일을 보여주신 것입니다. 그것이 곧 영적 회복이며, 이런 회복이 리더가 감당해야 할 책임의 핵심이라는 걸 또한 보여주신 것입니다.

이런 점에서, 진정한 리더란 단지 말로만 평등을 제시하는 사람이 아닙니다. 죽음처럼 침묵하며 말하지 못하는 자들을 대신하여 직접 외치며, 잊혀진 자들의 이름을 다시 불러주는 거룩한 행동의 불씨를 지펴야 합니다. 평등은 선언으로 완성되지 않습니다. 누군가의 책임감 있는 행동으로부터 시작됩니다.

세상은 여전히 마른 뼈들의 골짜기 같습니다. 차별과 불평등이 삶의 질서를 무너뜨리고, 누군가는 여전히 가장자리에 밀려나 있습니다. 이런 시대의 리더는 에스겔처럼 말하라고 부름을 받은 존재입니다. 하나님의 생기, 곧 공의와 사랑의 숨결을 선포하며, 무너진 공동체의 한가운데로 들어가야 합니다. 그곳에서 이렇게 외쳐야 합니다. "너희에게 생기가 들어가리라. 너희는 살아나리라!" 평등은 그렇게 이루어집니다. 멀리서 지켜보는 것이 아니라 참여하는 것으로, 동정하는 것이 아니라 같이 있어 주는 것으로 말이지요.

하나님께서 우리 모두에게 동일한 숨을 불어넣으셨듯, 리더는 그 숨이 아무에게도 막히지 않도록, 그 누구도 예외 없이 존중받도록 그 나라의 평등과 공의의 원칙을 선포하며, 오늘 이 자리에서 그 생명을 살아내는 사람입니다. 그런 리더와 함께 살아가는 공동체는 조용히 하늘의 뜻을 이 땅에 심어가는 하나님 나라의 시작이 될 것입니다.

하나님께서는 하늘나라의 빛을 이 땅 위에 흘려보내기 위해 우리를 부르셨습니다. 우리의 기도와 행동, 작은 순종과 결단 속에서 점진적으로 하나님의 나라를 실현해 가십니다. 그러므로, 이 땅에서 우리가 걷는 공정과 평등을 위한 작은 발걸음은 하나님께서 우리에게 맡기신 소중한 사명의 도구가 됩니다. 어쩌면 그 발걸음은 아직 보이지 않는 하늘나라에 조심스레 한 발을 내딛는 것과 같은 일일지도 모릅니다. 그러니 우리의 발걸음이 크고 거창하지 않아도 괜찮습니다. 작고 느린 발걸음이라도, 그 안에 담긴 우리의 사랑과 용기는 하나님께서 기뻐하시는 향기가 될 것입니다.

우리의 행동이 하나님의 마음을 닮기 시작할 때, 이 땅은 하늘을 닮은 모습으로 조금씩 변해갈 것입니다. 우리가 그 길을 함께 걸어갈 때 세상은 더 따뜻해질 것이고, 사람들은 더 존중받게 될 것입니다. 공정과 공의를 위한 우리의 삶은 이 땅을 조금씩 변화시켜가시는 하나님의 이야기로 쓰임 받을 것입니다. 우리 모두가 그런 변화를 이루는 데 쓰임받는 리더가 되고, 하나님 나라의 숨결을 품고서 살아가는 사람들이 되기를 소망합니다.

chapter 7

# *Failing*

## 실패하기
## : 방향을 바로잡는 실습의 기회로 삼기

'실패하기'(Failing)는 인간의 연약함과 불완전함을 드러내지만, 내면의 성장을 위해서는 필수 과정이다. 성경적으로는 은혜와 회복의 기회를, 심리학과 사회학적으로는 성찰과 재도약의 기회를 제공한다.

좋은 아침입니다! 당신은 실수할 겁니다.
_린-마누엘 미란다(Lin-Manuel Miranda)

오직, 크게 실패할 용기가 있는 사람만이
성장할 수 있다.
_로버트 F. 케네디

## 실패를 연습하라

라우엘이라는 왕자가 있었습니다. 그는 황실에서 최고의 교육을 받으며 성장했지만, 번번이 실패를 겪으며 자신을 점점 초라하게 여겼습니다. 매일 자신감을 잃어갔고, 어느 순간 자신의 존재 가치조차 의심하기 시작했습니다. 결국 무거운 마음을 안고서 아버지를 찾아가 속마음을 털어놓았습니다.

"아버지, 저는 최고의 교육을 받은 왕자인데도 늘 실패만 합니다. 저는 왕이 될 자격이 없어요."

왕은 아들의 말을 조용히 들었습니다. 깊은 침묵 끝에 미소를 지으며, 아들을 궁전 뒤편의 울창한 숲으로 데려갔습니다. 그리고 아들에게 화살 하나를 건네며 말했습니다.

"라우엘, 이 화살을 가지고 마을 밖으로 나가서 쏘아라. 쏜 화살은 떨어진 자리에 둔 채 돌아오너라."

라우엘은 화살을 들고서 마을로 나갔지만, 아무리 애를 써도 화살을 쏠 수 없었습니다. 혹여 화살이 누군가에게 상처를 입히거나 불필요한 피해를 줄까 싶어 걱정되었기 때문이었습니다. 그는 결국 화살을 땅에 꽂아 두고 돌아왔습니다.

왕이 화살에 대해 묻자, 라우엘은 머리를 떨구며 말했습니다.

"죄송합니다, 아버지. 화살을 쏘지 못했습니다. 너무 두려웠습니다."

왕은 아들을 책망하지 않았습니다. 대신 다시 숲으로 데려가, 또 다른 화살을 건네며 말했습니다.

"라우엘, 이번에는 반드시 화살을 쏘아라. 화살이 어디로 향하든 상관없다. 누가 맞을지 걱정하지 말고 힘껏 쏘고, 찾을 생각도 하지 말고 두고 오너라."

라우엘은 이번에는 아버지의 말을 따르기로 했습니다. 조심스럽게 화살을 쏠 방향을 정한 뒤, 아무도 다치지 않기를 기도하며 화살을 쏘았습니다. 그러나 화살은 그가 쏘려고 한 방향이 아니라 엉뚱한 방향으로 날아갔습니다. 예상치 못한 결과에 라우엘은 얼굴이 달아올랐습니다. 과녁을 맞추는 것도 아니고 단순히 쏘기만 하면 되는 쉬운 일이었는데도, 실패했다는 사실이 부끄럽기만 했습니다. 풀이 죽은 채 궁으로 돌아온 라우엘은 왕에게 그 일을 말했습니다. 왕은 그의 이야기를 끝까지 들은 뒤, 조용히 말했습니다.

"라우엘, 너는 실패했다고 생각했지만, 그것은 실패가 아니다.

중요한 한 걸음을 내디뎠다. 시작이 성공이다. 화살을 쏘기로 한 순간, 너는 이미 성공한 거란다. 두려움을 넘어섰기 때문이다. 성공과 실패가 중요한 것도 아니다. 실패도 성공이 될 수 있고, 성공도 훗날 실패로 돌아올 수 있단다. 인생은 그런 거란다. 무슨 일이든 시작할 때는 누구에게나 실패의 두려움이 있다. 그걸 극복하는 것이 인생이다. 실패는 단지 방향을 바로잡는 연습일 뿐이다. 그리고 화살이 어디로 날아가든 우리의 땅은 넓다. 실패는 끝이 아니라 새로운 시작이다."

왕은 아들을 따뜻하게 격려했습니다. 내 아버지도 나를 그렇게 격려하셨습니다. 새 학기를 시작할 때면 두려움이 밀려왔습니다. 현실의 경쟁이 너무 버거워 포기하려 했습니다. 망설일 때마다, 포기하고 싶어질 때마다 아버지는 이렇게 말씀하셨습니다.

"괜찮아. 망쳐도 좋으니 끝까지 가라! 수천 번 반복하면 승리하는 것이다."

제 아버지의 말씀도 라우엘 아버지의 말씀과 같았습니다.

"홍섭아, 매일 화살을 쏘아보거라. 방향이 틀리더라도 계속 도전하다 보면, 네 손은 결국 명사수의 손이 될 것이다. 그러니 실패를 두려워하지 말고, 그 자유를 즐기며 살아가거라."

나도 라우엘처럼, 나의 아버지께서 내게 해주신 말씀에서 실패의 참된 의미를 배웠습니다. 그날 이후 나는 매일, 나의 삶이라는 숲으로 가서 화살을 쏘았습니다. 하루하루 작은 시도를 반복하며, 실패와 함께 숨을 쉬는 법을 배웠습니다. 이제 실패는 더 이상

실패하기: 방향을 바로잡는 실습의 기회로 삼기

나의 적이 아닙니다. '나는 매일 왜 이렇게 실패만 하지?'라는 부정적인 생각을 하기보다, '실수는 누구나 하는 거니까 나 또한 이겨나가야 한다'라고 생각하니, '실패하면 좀 어때?'라며 즐길 줄 아는, 담담하고 단단한 맷집이 내 안에 생겼습니다.

우리는 종종 '실패하면 어쩌지?'라는 두려움에 아예 시작조차 하지 못하는 경우가 많습니다. 하지만 '실패해도 괜찮아'라는 마음으로 시작하면, 그 순간부터 우리는 더 이상 실패의 노예가 아닙니다.

### 모든 실패가 결정적인 건 아니다

내가 청소년들과 청년들을 만날 때마다 빼놓지 않고 들려주는 이야기가 하나 있습니다. 전 국가대표 축구선수 이영표 씨가 한 말인데, 나는 이 이야기를 생각할 때마다 가슴 깊이 울림과 위로를 받곤 합니다.

"만약 제가 오늘 피아노를 배우기 시작해서 도레미파솔라시도를 일주일 동안 치고, 다음 주에는 한 곡을 배워서 한 달 동안 연습하고, 6개월 동안 이렇게 한 걸음씩 기술을 익혀간다면 어떻게 될까요? 몇 년 뒤엔 지금보다 훨씬 피아노를 잘 치게 되지 않을까요?"

그렇습니다. 10년 동안 포기하지 않고 반복해서 연습하면, 누구든 아마추어 피아니스트 정도는 될 수 있습니다. 이영표 선수의 말은 단순히 훈련하면 다 된다는 조언이 아닙니다. 실패를 바라보는 삶의 자세를 바꾸라는 지혜입니다.

나도 나이가 들수록 깨닫게 됩니다. 인생이라는 무대 위에서 누구의 삶이 더 화려하고 누가 더 성공했는지를 재는 것은 사실 아무 의미가 없다는 것을요. 삶의 수준은 거기서 거기입니다. 부러워할 이유도, 우쭐댈 이유도 없습니다. 중요한 것은 포기하지 않고 걸어가는 발걸음입니다. 때로는 자기를 실패자로 몰아가는 상황이 펼쳐질지라도, 그 길 위에서 실패를 두려워하지 않고, 다시 피아노 앞에 앉는 당신이 진정한 승리자입니다.

라우엘은 일단 화살을 쏘아봄으로 해서 자신만의 '자기 삶의 리더십'을 배우기 시작했습니다. 그의 통치 아래에서 실패라는 단어는 점차 사라졌습니다. 시간이 지나면서 그 나라의 사람들은 모두 실패라는 개념 자체를 잊게 되었습니다. 왜냐하면 그의 나라에서 '실패'라는 단어 자체를 사용하지 않기로 했기 때문입니다. 그 단어가 없으므로 사람들은 실패가 무엇인지를 몰랐습니다. 라우엘은 실패를 모르는 왕으로 기억되었습니다. 자유와 도전 속에서 자신만의 길을 찾은 왕이 되었고, 그의 나라는 실패가 없는 승승장구의 상징이 되었습니다.

우리의 삶에도 실패라는 단어가 아예 없어서 실패가 무엇인지 모른다면, 그래서 삶이 승리뿐이라면, 우리는 수치스러워하거나 절망하거나 좌절하거나 슬퍼하지 않을 것입니다. 하지만 슬프게도, 우리의 삶에는 실패라는 단어가 늘 존재합니다. 그래서일까

*실패하기: 방향을 바로잡는 실습의 기회로 삼기*

요? 나의 삶 역시 실패의 연속이었습니다. 실패라는 단어는 성공보다 깊이 내 마음에 각인되었습니다. 실패는 마치 겨울에 문틈으로 스며드는 찬바람처럼 내 삶의 틈으로 들어와, 구석구석을 온통 차지하며 나를 움츠리게 했습니다. 한 번의 실패가 모든 것을 끝낸다고 믿었고, 간혹 또 같은 실패가 오지 않으리라는 착각 속에서 자신을 위로하기도 했지만, 인생은 언제나 내가 상상하지 못한 방식으로 더 큰 고통을 안겨주었습니다.

내가 미국으로 유학 가서, 정신과 의사가 되겠다는 꿈을 꾸었을 때가 있었습니다. 그때만 해도 나의 미래는 확실하다고 느꼈습니다. 그렇지만 준비 과정은 쉽지 않았습니다. 스트레스도 컸습니다. 실패를 경험하고 싶지 않았기 때문입니다. 아무도 나에게 서울대학교에 가지 못했다고 손가락질하지 않았고 수치감을 주지도 않았지만, 나는 보이지 않는 손가락질의 무게를 견디기가 힘들었습니다.

우여곡절 끝에 대학을 졸업했을 때, 나는 잠시 멈추어 깊이 숨을 들이마셨습니다. 그동안 내 안에 자리 잡고 있던 수많은 '겁'들이 조금은 사라진 것을 느꼈습니다. 이유는 단순했습니다. 내가 그렇게 두려워하던 '실패'라는 것들이 이제는 더 이상 실패처럼 보이지 않았기 때문입니다. 실패할 때는 참담했고, 비교당해서 수치스러운 것 같았고, 무엇 하나 이룬 것 없이 무너지는 것만 같았지만, 시간이 흐르고 나니 그 모든 실패의 순간이 반드시 '실패자'라는 이름표를 달아줄 만큼 결정적인 건 아니었다는 걸 알게 되었습니다. 결과는 달라지지 않았지만 내가 성장했고, 그 성장의 끝에서 더 이상 실패의 순간을 두려움으로 기억하지 않게 되었습니다. 이제는 어디든지 화살을 쏠 수 있는 사람이 되었습니다. 조심스레, 하지만 담대하게 다시 시작할 수 있는 사람이 되었습니다.

### 내가 잘못 선택한 걸까?

미국의 여러 대학원에 원서를 넣기 전에 잠시 한국을 방문했습니다. 그때 옥한흠 목사님을 만났습니다. 그때는 내가 뭔가를 해냈다는 자신감이 있었고, 목사님께 칭찬을 듣고 싶다는 마음도 조금은 있었습니다. 그런데 목사님은 놀라운 말씀을 하셨습니다. 내 인생의 방향을 뒤흔드는 말씀이었습니다.

"하나님께서 너를 목회자로 부르셨다. 그 부르심을 잊어버리지 말고, 더는 돌아가지 마라."

그동안의 성공을 자랑하고 싶었기에, 의학이라는 단단한 화살을 겨우 준비해둔 나에게, 목사님은 "이제는 그 화살을 복음을 위해 쏘라"고 말씀하신 것입니다. 놀랍게도 그 말씀이 나를 붙잡았습니다. 나는 결국 의사의 꿈을 내려놓고 목회자의 길을 택했습니다. 칼빈, 웨스트민스터, 트리니티를 거쳐, 조심스럽게, 그러나 진심으로 그 길을 걷기 시작했습니다.

처음에는 이 길이 하나님을 위해 선택한 길이기에 꽃길만 펼쳐질 줄 알았습니다. 신학을 공부하고 안수를 받고, 박사 학위까지 마치면 모든 것이 분명하게 열릴 줄 알았습니다. 그러나 목회의 길은 꽃길이 아닌 광야였습니다. 사역은 기대만큼 찬란하지 않았고, 열심히 준비한 나 자신조차 어느 날은 낯설게 느껴질 정도로 지쳐 있곤 했습니다. 그럴 때면 스스로에게 묻곤 했습니다.

'내가 잘못 선택한 걸까?'

'의사의 길을 갔다면… 하나님도 더 편하게 섬길 수 있지 않았을까?'

수많은 의문 속에서, 나는 중요한 한 가지를 배웠습니다. 실패는 끝이 아니라 새로운 시작의 문 앞에 서는 기회라는 것입니다. 넘어졌을 때마다 하나님은 내 등을 다독이셨고, 다시 화살을 들 수 있도록 조금이나마 희망을 주시려고 내 손을 잡아주셨습니다.

헨리 나우웬은 이렇게 말했습니다.

"포도가 짓밟히는 고통 속에서는 그 안에서 만들어질 포도주를 상상할 수 있어야 한다."

처음엔 그의 말이 공감되지 않았습니다. 내 영혼은 짓밟힌 포도처럼 부서져 있었고, 버려진 쓰레기처럼 느껴졌습니다. 그러나 시간이 흐르면서, 고통이 내 안에서 포도주처럼 숙성되고 있다는 것을 알게 되었습니다. 실패 속에서도 점점 더 중요한 자리를 책임지는 리더로 성장하고 있었습니다. 실패 속의 성장이라고 하면 논리는 맞지 않지만, 자신이 삶의 리더라고 생각하며 실패를 경험하다 보니 리더십의 본질을 더 쉽게 이해할 수 있었습니다.

많은 실패를 통해 배운 리더십의 교훈은 '리더란 완벽이 아니라 실패 속에서도 다시 일어서려는 용기에서 비롯된다'라는 것이었습니다. 실패는 우리를 짓누르고 좌절하게 하지만, 그 순간은 결코 끝이 아닙니다. 짓밟힌 포도가 깊은 향을 품은 포도주로 변하듯, 우리의 실패는 새로운 삶의 씨앗이 될 수 있습니다. 넘어졌던 자리에서 다시 일어나 믿음이 더 단단해지고, 어둠 속에서 움튼 희망은 더 밝게 빛날 것입니다. 실패 속에서도 회복을 기대하는 마음, 그것이 바로 우리의 삶을 다시 빚어갈 힘이 됩니다.

뉴욕 센트럴교회에서 김재열 목사님을 모시면서 부목사로 사역하던 시절에 들은, 김 목사님께서 성도들에게 늘 하시던 말씀이 기억납니다.

"기도할 때 명심해야 할 것이 있습니다. 기도의 응답이 이뤄질 때까지 기도해야 한다는 겁니다. 기도를 멈추면 응답받지 못합니다. 그러나 응답받을 때까지 기도하면, 당신은 기도 응답을 받은 사람입니다. 무슨 기도를 하든 계속하기만 하면, 당신의 기도는 땅에 떨어지지 않습니다. 그러나 기도를 멈추면, 당신의 기도는 땅에 떨어집니다."

이 단순한 진리가 내 마음 한구석에 깊이 새겨졌습니다. 기도하기를 멈추면 기도가 땅에 떨어지는 것처럼, 실패는 멈출 때만 실패가 되는 것이고, 계속한다면 결국 어디로든 나아가게 된다는 진리였습니다. 이 말씀이 내게 큰 위로와 용기를 주었습니다.

실패하기: 방향을 바로잡는 실습의 기회로 삼기

## 수천 번 죽어봐야 게임을 즐기게 된다

미주 코스타에서 미국의 고등학교 4학년 학생을 만났습니다. 식당에서 함께 식사하다가, 그가 내게 모바일 게임을 가르쳐 주었습니다. 나는 겨우 1분도 되지 않아 연속해서 세 번이나 게임 속에서 죽고 말았습니다. 총알을 아무리 피하려 해도 피할 수 없었습니다. 상당히 어려운 게임이었습니다. 내가 얼마나 게임에 서투른지를 몸소 느끼고, 5분 만에 포기해 버렸습니다. 그때 그 형제가 나를 빤히 쳐다보며 말했습니다.

"목사님, 고작 5분 해서 그 게임을 잘하려고요? 저는 이 게임을 석 달이나 했어요. 수천 번 죽어 보면서 게임의 첫 번째 스테이지 구조와 프로그램을 이해하기 시작했죠. 이 게임의 기본 스테이지는 30개가 넘어요. 포기하기엔 아직 일러요."

그의 말은 명언이 되어 내 안에 작은 불씨를 피워냈습니다. '그래, 누구든 석 달 동안 한 가지를 반복한다면, 아니 1년, 3년, 10년을 지속한다면, 어떤 것에서든 달인이 될 수 있다'라는 확신이 섰습니다. 그렇습니다. 누구든 10년이면 피아니스트, 수학자, 화학자, 의사까지 될 수 있습니다. 심지어 춤까지 출 수 있습니다.

과거에 한국의 군인들은 3년 동안이나 나라를 위해 봉사해야 했습니다. 처음 해보는 일임에도 불구하고, 군에서 배운 일을 직업으로 삼은 사람들이 꽤 있었습니다. 제대 후에도 그 일을 계속했던 것입니다. 포기하지 않는 꾸준함이 실패를 극복하는 답입니다. 실패는 멈추는 순간에만 진짜 실패가 됩니다. 모든 성공의 가능성은 반복과 지속 속에 숨겨져 있습니다. 실패를 두려워하지 않고 계속하는 이들은 결국 자신의 길을 찾게 됩니다. 계속 도전한다면, 실패조차 성공을 향하는 과정의 부분이 될 뿐입니다.

내가 그 형제의 말을 조용히 되새기고 있을 때, 그가 내게 뜻밖의 말을 꺼냈습니다.

"목사님, 저는 대학 안 가고 싶어요. 공부가 너무 하기 싫어요."

나는 그 말 속에 숨겨진 한숨을 읽었습니다. 잠시 후, 이렇게 말해주었습니다.

"어이, 형제! 대학을 포기하고 싶다고? 공부가 싫어서?"

나는 그의 눈을 가만히 바라보며 이 말을 덧붙였습니다.

"근데 말이야…. 형제는 포기하지 않아도 될 것 같은데? 자네는 이미 답을 알고 있잖아. 오늘 보니까 참 대단해. 성공할 사람이야. 내가 오히려 자네에게 배웠네."

그는 고개를 갸웃거리며 나를 바라보았습니다. 나는 그의 입에서 나왔던 게임 이야기를 그에게 적용하여 말했습니다. 단 한 개의 스테이지를 깨기 위해 끝없이 도전했다던 열정, 수천 번을 시도하고 몇 달을 밤새웠다는 그의 이야기를 그에게 인용했습니다.

"형제는 게임에서 이미 인생의 답을 본 거야. 그 수많은 죽음을 두려워하지 않고 다시 도전하는 법을 배운 사람이라네. 그렇다면 대학 입시를 위한 수학도 같지 않을까? 실패하면서 공식을 익히고, 답을 향해서 가는 길을 찾게 될 거야."

그런 다음, 조용히 물었습니다.

실패하기: 방향을 바로잡는 실습의 기회로 삼기

"그러니까… 포기하지 않고 공부할 거지?"
그는 망설임 없이 짧게 답했습니다.
"네."
'네'는 가장 짧은 한 단어이지만, 그 단어는 내 마음에 묵직하게 울려 퍼졌습니다. 그의 '네'는 단순한 긍정이 아니라, 실패를 더 이상 부끄러워하지 않겠다는 선언처럼 들렸습니다. 넘어지더라도 다시 일어나겠다는 다짐이었습니다. 그날, 그와 나는 작지만 깊은 결론을 나누었습니다.
"실패는 끝이 아니야. 실패는 포도주가 되어가는 과정이야. 우리는 포도주처럼 하나님의 손길을 따라, 이 땅에 흘러가도록 쓰일 존재야."
그 형제는 그날 이후 조금씩 눈빛이 달라졌습니다. 기대와 흥분이 담긴 작은 떨림이 그의 말과 행동 속에 스며들었습니다. 나는 그런 그의 모습을 보면서, 내 삶의 여정을 다시 한번 정리하는 기회를 가져보았습니다. 그가 오뚝이처럼 일어서는 날, 나는 그날의 이야기를 기억에서 다시 꺼내 복기할 것입니다. 하나님께서 그를 어떻게 사용하실지, 오늘도 조용히 설레며 기다립니다.
우리는 지금 포도주가 되어가는 중입니다. 조금 느릴 수 있지만, 충분히 아름다운 과정입니다.

## 자신의 실패를 이야기하라

인류는 한 사람도 빠짐없이 실패를 경험합니다. 실패한 관계와 이루지 못한 꿈, 직장과 육아와 재정의 문제 등은 누구에게나 있을 법한 일입니다.

삶에서 큰 실패를 경험하면 회복하기가 쉽지 않습니다. 실패를 경험한 사람들은 실패한 사실을 드러내기가 쉽지 않습니다. 실패를 자책하기도 합니다. 실패가 무거운 짐처럼 느껴지고, 그 안에 갇혀서 더 깊은 고통의 늪으로 들어가는 사람도 많습니다. 이런 고민에 빠지기도 합니다. '나는 왜 더 나아질 수 없을까? 무엇이 부족한 걸까?' 이런 질문은 실패의 고통을 더 아프게 만듭니다.

나의 어느 고등학교 후배가 한국에서 유명한 기업의 부사장으로 발령받았습니다. 하지만 1년 만에 명퇴라는 명목으로 그 자리를 잃었습니다. 기러기 아빠로서 가족을 부양하지 못한다는 현실 때문에, 무거운 부양의 부담감과 부끄러움을 느꼈습니다. 사회가 기대하는 성공의 기준은 그에게 너무도 무거운 짐이었습니다. 그는 치유의 과정을 통해 자신의 두려움과 불안을 마주하며, 조금씩 자신의 이야기를 풀어내기 시작했습니다. 처음엔 실패의 무게에 짓눌렸지만, 용기를 내어 치유의 길을 걷기 시작한 그는 지금 영국에서 인생의 2막을 잘 살고 있습니다.

갓난 여아를 입양하여 정성껏 키운 나의 친구 부부가 있습니다. 하지만 성장한 딸이 그만 집을 떠났습니다. 그들은 이후 18년 동안 고통 속에서 딸의 안부를 걱정하며 살아야 했습니다. 그들에게 남겨진 것은 딸에 대한 추억과 아픔뿐이었지만, 그조차 사람들 앞에서 꺼내기가 힘들었습니다. 가끔 친구들이 그 부부를 만날 때 용기를 내서 딸의 이야기를 꺼내보려 했지만, 딸 이야기는 전혀 하지 않습니다. 자식 농사의 실패는 드러내기 쉽지 않은 문제입니다.

모든 것을 내려놓고, 하나님의 부르심 하나만 붙들고 사역의 길에 들어선 사람들이 있습니다. 목회자들입니다. 세상에서는 그 길을 거룩하다고 말하고, 교회 안에서는 그들이 누군가의 본이 되어야 한다고 말합니다. 그러나 그 길 위에는 누구에게도 쉽게 꺼내 보일 수 없는 깊은 상처와 실패의 흔적이 있습니다. 교회를 개척했지만, 사람이 늘지 않는다는 이유로 받는 '부흥하지 못한 목회자'라는 차가운 시선 앞에서 주눅이 듭니다. 숫자의 부흥을 이루지 못한 것이 목회자의 무능으로 평가받는 시대라서 그렇습니다. 하나님께는 충성한 것 같은데, 숫자가 그 충성을 증명하지 못할 때 하나님의 사랑에서 멀어진 것처럼 느껴집니다. 어떤 날은 교회와 교회 사이에서, 때로는 동료 목사와의 관계에서 오해가 생기고 금이 갑니다. 그럴 때 목회자는 더 깊은 고민과 고독에 빠지곤 합니다.

"내가 교만했던 걸까…?"
"내가 말을 좀 더 조심했더라면?"
"내 성격에 문제가 있는 걸까?"
자책이 밀려오고, 관계의 균열은 마치 자신의 존재 전체를 무너뜨리는 듯합니다.

목회자라는 직함의 무게는 때로 너무나 무겁습니다. 항상 겸손해야 하고, 항상 성실해야 하고, 항상 사랑해야 한다는 '당연한 책임'이 실패와 고통 앞에서는 더 큰 짐이 되어 돌아옵니다. 자녀들도 목회자의 자녀라는 이유 하나만으로 성도들의 정죄 대상이 되고, 항상 주눅이 들어서 살아갑니다. 조금이라도 품위에 어긋나는 일이 발생하면 성도들의 평가를 받습니다. 그래서 목회자들은 자신의 실패를 쉽사리 드러내지 못합니다.

'하나님의 종이 이런 약한 모습을 보여도 될까?'

'혹시 내 고백이 누군가에게 시험거리가 되진 않을까?'

'교인들이 나의 무능함을 알기라도 하면 교회에 남을까?'

이런 생각에 스스로 입을 다물게 됩니다. 자신의 잘못이 아닌 일조차 자신의 실패로 가지고 갑니다. 하지만 나는 믿습니다. 그런 실패의 고백조차 하나님께서는 귀히 여기신다는 것을.

"상한 갈대를 꺾지 아니하시며, 꺼져가는 등불을 끄지 아니하시리라"(이사야 42:3).

목회자의 실패는 부끄러운 일이 아닙니다. 실패 속에서도 하나님께 순종하려 애썼던 마음, 그 마음이 곧 진짜 믿음의 흔적입니다. 그러니 사랑하는 동역자들에게, 그리고 모두에게 격려하고 싶은 말이 있습니다. 드러낼 수 없는 실패를 혼자 품고 있다면, 이제는 그 실패를 은혜의 언어로 바꾸어 보라는 것입니다. 우리가 약할 때 오히려 하나님의 능력이 온전해지는 신비한 반전을 함께

실패하기: 방향을 바로잡는 실습의 기회로 삼기

살아냅시다. 우리의 실패는 끝이 아닙니다. 하나님 나라를 이루는 조용한 과정입니다. 실패 앞에서 우리가 정직해질 수 있다면, 그 자리에서 하나님께서 우리와 함께 우시고, 다시 일어설 수 있도록 손을 내미신다는 것을 나는 믿습니다.

### 괜찮아, 나는 실패할 수 있는 존재야

목회자로서 나는 수많은 사람의 인생을 품고, 관계를 세우고, 공동체를 인도해왔습니다. 그러하기에, 나에게는 더욱 아픔으로 다가온 관계의 실패도 있었습니다.

 '그'는 나와 같은 길을 걷는 목회자였습니다. 10년이 넘는 시간 동안 서로를 아껴주고 의지했던 소중한 동역자이자 친구였습니다. 그러나 어느 날, 뜻밖의 일로 우리의 길이 갈라졌습니다. 어느 성도의 '교회 이동'과 그에 따른 오해와 갈등이, 그와 내가 각각 섬기는 두 교회와 우리 둘 사이에 조용하지만 깊은 금을 만들었습니다. 그 금은 결국 관계를 완전히 끊어버리는 아픔으로 이어졌습니다. 그를 향한 분노, 그와 나눴던 우정이 무너졌다는 슬픔, 그리고 목회자로서 관계 하나도 지키지 못했다는 수치심 때문에 나는 오랫동안 헤맸습니다. 용서하고 싶었고, 풀고 싶었고, 다시 돌아가고 싶었지만, 어떻게 해야 할지 몰랐습니다. 그리움보다 무력감이 더 컸던 시간이었습니다.

 하지만 하나님께서는 우리가 절필한 그 이야기를 조용히, 그리고 기적처럼 다시 써 내려가기 시작하셨습니다. 시간이 흐르면서 끊어진 것만 같았던 관계가 아주 서서히, 그러나 분명하게 회복되기 시작했습니다. 단지 겉으로만 풀린 것이 아니었습니다. 서로를 다시 이해하고, 진심을 다시 나누고, 과거의 상처를 새로운 언어로 감싸안는 시간이었습니다. 그리고 어느 순간, 우리는 단순히 '화해한 사이'가 아니라, 서로의 사역을 진심으로 격려하고 동역하는 가장 가까운 영적 친구로 회복되어 있었습니다. 그때의 깨진 우정이 이제는 오히려 각자의 공동체를 치유하고, 서로의 목회를 깊이 있게 연결해주는 은혜의 매듭이 되었습니다. 나는 이 모든 과정을 지나면서, 실패는 끝이 아니라는 것을 다시 한 번 깊이 깨달았습니다.

하나님은 우리의 실패의 순간에서도 관계를 다시 잇고, 새로운 이야기를 엮어가는 분이십니다. 사람은 끊어도, 하나님은 다시 이어주십니다. 사람은 멈추어도, 하나님은 끝까지 걸어가십니다. 때로는 우리의 가장 큰 실패가 하나님의 가장 놀라운 은혜의 도구가 됩니다.

삶 속에는 실패라는 이름의 수많은 이야기가 있습니다. 깊이 감춰진 실패들이 더 있습니다. 얼핏 보면 모두 비슷해 보여도, 각각의 실패는 저마다의 무게와 고유한 상처를 품고 있습니다. 중독의 어두운 그림자, 부모로서 느끼는 한계, 말할 수 없는 수치심으로 억눌린 감정 같은 것들입니다. 나아지지 않는 관계의 벽, 되돌릴 수 없는 사업의 손실, 길을 잃은 자녀들, 무너진 학업과 일터, 그리고 누구에게도 말하지 못한 내면의 고통 같은 것입니다. 이런 실패의 이야기는 회한과 날카로운 아픔을 동반합니다.

실패를 드러내는 일은 수치심을 동반하는 일이어서, 자존심이 허락하지 않아 더 어려울 수 있습니다. 차라리 실패를 숨기고, 부끄러움과 함께 어두운 동굴 속에서 계속 머무르는 것이 하나의 방법처럼 보일지 모릅니다. 그러나 언제까지 그 자리에만 머물 수 없습니다. 마치 시간이 멈춘 듯 마음속 깊은 곳에서 스스로를 탓하며, 조용히 주저앉아 있는 자리가 우리에게 안전한 듯 보이지만, 결코 회복의 자리는 아닙니다.

수치심은 종종 실패의 그림자를 더 크게 만듭니다. 하지만 그 수치감을 이겨내는 길은 생각보다 먼 곳에 있지 않습니다. 실패를 그저 받아들이는 것입니다. 그 순간이 고통스러웠다 해도, 그 결과가 실망스러웠다 해도, 실패 자체를 인정하는 용기 속에서 우리는 비로소 다시 숨을 쉬게 됩니다.

회복은 어느 날 갑자기 찾아오는 기적이 아닙니다. 수용에서 비롯된 믿음의 걸음의 결과입니다. 그 걸음을 통해, 우리는 다시 숨 쉬는 법, 다시 사랑하는 법, 그리고 다시 소망하는 법을 배우게 됩니다. 그렇습니다. 힘들지만 자신의 실패를 수긍하는 연습이 필요합니다. 그것이 회복의 시작이 될 수 있습니다. 그 시작은 아주 작은 연습에서 출발합니다. 우리 마음속 깊은 곳에 조용히 이렇게 말하는 겁니다.

"괜찮아, 나는 실패할 수 있는 존재야. 그리고 그게 내가 끝났다는 뜻은 아니야."

우리는 실패할 수 있습니다. 왜냐하면 우리는 완벽하지 않은 인간이기 때문입니다. 실패는 삶의 일부이지만, 삶의 전부는 아닙니다. 오히려 우리가 담대하게 실패를 이야기할 때, 그 고백은 누군가에게 깊은 위로가 됩니다. 실패의 이야기를 듣고 '나도 괜찮을 수 있겠구나'라고 생각하는 사람은 또 다른 회복의 길로 나아갈 수 있습니다. 실패가 우리를 무너뜨리는 것 같지만, 때로는 우리를 다시 세워주는 하나님의 손길이 되기도 합니다.

실패를 받아들이면, 언젠가는 그것을 드러낼 수 있는 힘도 생깁니다. 물론 모든 순간에, 모든 사람에게 그렇게 말할 수는 없습니다. 하지만 정말로 회복을 원한다면, 우리는 실패를 이야기하는 용기를 배워야 합니다. 그 용기는 우리 자신을 더 단단하게 만들고, 우리가 속한 공동체를 더욱 진실하게 엮어줍니다.

넘어지는 순간은 아프지만, 그 순간이 우리를 무너뜨리는 것은 아닙니다. 다시 일어서는 법을 가르쳐줍니다. 그러므로 실패는 부끄러움이 아니라 회복의 출발점입니다. 실패를 외면하지 않고 삶의 일부로 받아들이는 그때, 비로소 진정한 회복의 여정이 시작됩니다.

## 회복하는 힘은 누구에게나 있다

나는 '회복력'이라는 단어를 참 좋아합니다. 그 말 속엔 단순히 고통을 견디는 인내, 그 이상이 담겨 있습니다. 회복력은 상처 속에서도 자신을 잃지 않는 힘을 말합니다. 이 힘은 삶이 주는 고통과 파도 같은 모든 순간들을 흡수하되, 그것에 무너지지 않는 조용하고 단단한 내면의 강인함입니다. 익명의 알코올 중독자 모임에서 말하듯, '평온함으로 재앙에 맞서는 것'이 바로 회복력이 아닐까요? 세상의 모든 시련 앞에서도 자신을 고요히 붙잡는 능력, 흔들려도 부서지지 않는 마음, 그것이야말로 진짜 강함이라는 생각이 듭니다.

내가 대학생 시절, 워싱턴센터(The Washington Center)에서 인턴 활동을 할 때 만난 친구가 에티오피아에서 온 초등학생 두 명을 입양했습니다. 그 친구는 양육에 대한 자료를 연구하며 철저히 준비했습니다. 그가 입양된 자녀들이 새로운 환경에서 정착하며 정체성을 형성해 나가는 과정에 대해 강의할 때, 이런 말을 남겼습니다. "연결, 회복력, 정체성에 대한 필요성은 아프리카 고아들만의 문제가 아닙니다. 우리 모두가 건강하게 성장하기 위해 꼭 필요한 가치들입니다."

연결, 회복력, 정체성, 이 세 가지는 서로 연결되어 있습니다. 이는 단지 입양아의 양육에만 해당하는 이야기가 아닙니다. 우리가 실패와 고난을 넘어설 때도 꼭 필요한 힘입니다.

우리의 정체성이 분명할 때, 우리는 자신이 하나님의 형상으로 창조되었고 사랑받는 존재임을 믿을 수 있습니다. 우리는 그런 믿음 속에서 관계를 통해 연결되고, 그 연결 속에서 회복력을 키울 수 있습니다.

몽골 형제 타미르와 그의 누나인 노만은 15년가량이나 우리 교회에서 자랐습니다. 노만은 아버지의 반복된 폭력과 부모님의 이혼 과정에서 깊은 상처를 받았습니다. 이후의 빈자리는 그녀의 내면에 깊은 트라우마를 남겼습니다. 노만은 엄마와 4살이던 동생과 함께 미국으로 왔고, 그녀의 엄마와 같은 직장에서 일하는 우리 교회의 김영옥 집사님의 도움으로 우리 교회의 이민자 센터에 소개되면서 미국 생활을 시작했습니다. 그녀는 동생 타미르가 성장하는 과정에서 무슨 사고라도 칠까 싶어 모든 신경이 동생을 돌보는 일에 가 있었습니다. 사춘기 때부터 엄마가 일하러 간 사이에는 가사를 돌보아야 했습니다. 가족을 지켜야 한다는 생각만 하고 살았습니다. 나는 타미르와 노만 남매를 지켜보며, 마음 한 구석이 늘 안타까웠습니다.

노만은 가정의 실패가 자신을 실패자로 만들었다고 자주 이야기했습니다. 자기의 불행이 부모님의 잘못된 선택 때문이라고 믿고 있었습니다. 그들의 삶을 덮고 있는 분노와 슬픔, 자신을 동급의 친구들과 비교할 때 실패자로 여기는 자책의 그림자는 너무나 무거워 보였습니다. 그녀의 분노와 슬픔은 끝이 없어 보였고, 어두운 나날이 수년간 이어졌습니다. 그랬던 그녀가 중등부의 수련회에서 조금씩 변화하기 시작했습니다.

노만은 수련회가 끝난 뒤, 내게 이렇게 말했습니다. "힘든 일들은 내가 생각했던 것보다 나를 더 강하게 만들어주었어요. 폭풍을 지나면서 스스로 강해졌다는 것을 알게 되었습니다." 그녀의 말은 단순한 깨달음 이상의 무엇이었습니다. 하나님께서 절망 가운데 있는 그녀를 회복시키고 있음을 증명하는 말이었습니다. 이제는 그 남매가 어려움을 겪지 않거나 상처를 받지 않는다는 말은 아닙니다. 하지만 회복력이 갈수록 빨라지고 더 강해지고 있다는 건 분명합니다. 과거에는 한 번 상처를 받으면 수년이 걸리던 회복이 불과 며칠이나 길어야 몇 주 만에 가능해졌습니다. 그들의 내면 깊은 곳에 살아 있는 회복의 불씨를 늘 볼 수 있습니다.

실패는 누구에게나 찾아오지만, 그 실패 속에서 배우는 회복의 기술이야말로 삶의 본질입니다. 회복력은 거창한 힘이 아닙니다. 다시 시도하려는 마음이며, 매일 조금씩이라도 일어서려는 작은 용기에서 비롯됩니다.

회복력은 하나님의 손길이 여전히 우리를 빚어가고 있음을 믿는 단순한 신뢰에서 시작됩니다. 회복력의 근본에는 하나님의 말씀이 있습니다. 그러므로 회복력은 누구에게나 존재합니다. 단지 그것을 발견하고 일으켜 세우는 것이 필요할 뿐입니다.

## 넘어진 자리에서 일어나는 힘

나는 실패와 회복의 경험을 둘째가라면 서러울 만큼 제법 많이 했습니다. 그중에서 가장 회복이 더딘 실패가 있었습니다. 그 실패는 내가 목회자로서 겪은 실패 중에서도 제법 큰 경험에 속할 것입니다. 섬기던 교회의 부흥 뒤에 찾아온 시련이라서 회복하기가 더 힘들었던 것 같습니다.

내가 부임할 때는 48명이던 작은 교회가, 부임한 지 1년도 채 되지 않아 재적 400여 명, 주일 평균 출석 480명 이상으로 성장하며 부흥을 경험했습니다. 마치 하나님의 축복이 직접적으로 임한 듯했습니다. 그러나 그 기쁨의 기간은 예상치 못했던 반전으로 이어졌습니다.

첫 번째로 찾아온 문제는 동성애를 둘러싼 갈등이었습니다. 내가 부임한 교회는 동성애를 공식적으로 지지하는 PCUSA 교단에 속해 있었지만, 나는 개인적으로 교단의 동성애 정책에 반대 견해를 취했습니다. 교회는 교단에서 탈퇴하고 독립적인 길을 걷기로 결정했는데, 교회의 재산 문제는 예상보다 훨씬 큰 갈등을 일으켰습니다. 재산을 다 포기하고 교단을 나오기로 한 결정은 쉽지 않았지만, 그 과정에서 또 다른 충격적인 일이 드러났습니다. 교단이 교회의 재정을 감사하는 과정에서 어느 재정 담당 장로님이 수십만 달러 규모의 재정 비리를 저지른 사실이 발견된 것입니다. 교회는 한순간에 흔들렸습니다. 그런데 그 장로님은 잘못을 인정하기보다 횡령 사실을 숨기려 했고, 비난의 화살을 나와 일부 집사님들에게 돌렸습니다. 교단 탈퇴 결정을 철회하고 나를 비난하면서, 교회를 분열시키려는 거짓 소문을 퍼뜨렸습니다.

재정 비리와 교회 재산을 둘러싼 싸움은 단순히 물리적인 문제가 아니었습니다. 교회의 영적 기반마저 흔드는 고통이었습니다.

교회가 서로를 의심하고 비난하며 무너져가는 모습을 지켜보는 것은 목회자로서 가장 큰 실패처럼 느껴졌습니다. 교회의 갈등과 악의적인 소문은 나뿐 아니라 가족에게도 상처를 남겼습니다.

"임 목사가 이혼했다더라."

"그의 자녀들은 모두 문제아라더라."

"그가 워싱턴센터에서 인턴십을 했다는 것은 거짓이다. 선교사였다는 것도 다 거짓이라더라!"

이런 거짓말들이 독처럼 퍼져나갔습니다. 더 아픈 일은, 사람들이 그런 말을 믿기 시작했다는 것입니다. 성도들은 그 장로님이 퍼뜨린 헛소문을 모두 믿었고, 심지어 그를 따르는 자들도 있었습니다. 내가 코스타에 참석하는 사이엔 지역의 교회들 사이에 새로운 소문이 떠돌기도 했습니다. 주일 설교를 준비하려고 사무실에 가면 문이 잠겨 있는 날도 있었습니다. 나는 그럴 때마다 차마 두 발로 교회 문을 나서지 못하고, 기어나가고 싶을 정도로 부끄럽고 무력감을 느꼈습니다. 아내가 새벽기도 후에 장로님들로부터 위협을 당한 일도 있었고, 아이들은 교회에서 들려오는 고함에 깊은 상처를 받았습니다. 결국 아이들은 교회를 떠나겠다고 했고, 큰아이는 아예 마음의 문을 닫아버렸습니다. 믿지 못할 현실이 내 가족을 짓눌렀습니다.

교회가 그렇게 분열되고 나서 2년 뒤, 그 장로님이 이유 모를 병균의 감염으로 갑자기 돌아가셨습니다. 오해를 푼 교인들이 나를 찾아와 울기까지 하면서 사과하는 회복의 시간이 있었습니다.

내가 그 시간을 지나면서 깨달은 것은, 단지 문제의 해결만이 회복이 아니라는 사실입니다. 내가 누구인지를, 그리고 하나님이 누구이신지를 다시 굳게 붙드는 과정이 회복이었습니다. 그때의 실패는 끝이 아니라 하나님의 손길로 다시 빚어지는 일의 시작이었습니다. 내가 넘어져 좌절했을 때도, 하나님은 여전히 나를 일으키시고 회복의 길로 이끌어가고 계셨습니다.

나는 시편 23편 5절에서처럼, 고난 가운데 나를 지키시고 원수들이 보는 앞에서도 은혜와 축복으로 채우시는 깊은 위로와 격려를 받았습니다. 주님께서 원수의 목전에서 나에게 상을 차려 주시는 엄청난 반전의 드라마를 써 주신 것입니다. 나는 그 시련의 시간 속에서 비로소 배우게 되었습니다. 리더십이란 부흥의 숫자에서 생기는 것이 아니라는 것을, 무너진 자리에서도 다시 일어설 용기를 가지는 것이라는 것을, 그리고 아픔 속에서도 사랑을 잃지 않는 인내에서 시작된다는 것을 배운 것입니다.

내가 넘어진 자리에서 일어나는 힘은 믿음에서 나왔습니다. 실패 속에서 배우고 성장하는 과정이야말로 하나님께서 나를 새롭게 빚어가시는 손길임을 깨닫게 되었습니다.

하나님은 우리의 실패 속에서도 여전히 일하시며, 그 안에서 우리를 다시 새롭게 하십니다. 그래서 나는 실패라고 생각한 나날 속에서, 실패자가 아니라 '다시 서기 위한 실패 연습'을 하고 있다고 믿었습니다. 하나님께서 미래에 내게 주실 큰 일을 기대하며 인내했고, 다시 회복하려고 노력했습니다. 하나님께서는 결

실패하기: 방향을 바로잡는 실습의 기회로 삼기

코 나를 포기하지 않으셨고, 나도 그분의 손을 붙들고서 다시 일어서기 위해 애썼습니다.

지금도 실패 속에 빠져 있다고 느끼는 분들이 있을 것입니다. 하지만 넘어진 자리에서 다시 일어날 때, 우리는 살아 있음을 증명합니다.

내가 좋아하는 중국 속담이 있습니다.

"넘어지는 것보다 한 번 더 일어나면 살아남는다."

나는 실패할 때마다 매번 조금 더 단단해지는 나 자신을 발견했습니다. 우리는 모두 이렇게 살아가고 있습니다. 실패와 좌절 속에서도 매번 일어나는 훈련을 통해 조금씩 단단해지고, 하나님의 은혜를 더 깊이 이해하게 됩니다.

특별히, 실패 속에서도 다시 일어서겠다는 누군가의 결심을 돕는 일은 내 사역의 중요한 부분입니다. 나는 '노아 자아 회복 훈련 상담센터'를 통해 수많은 이들의 삶이 변화되는 과정을 지켜보았습니다. 사람들이 실패를 딛고 두려움을 넘어서는 첫발을 내디딜 때, 그들의 용기를 보며 박수를 보냅니다. 그들의 첫걸음은 실패를 극복하는 회복의 시작이기 때문입니다.

실패는 끝이 아닙니다. 우리를 성장시키는 기회입니다. 지금 어떤 실패 가운데 있더라도 다시 일어나십시오. 그 여정에서 믿음의 동역자들과 함께하십시오. 하나님께서 주신 회복의 능력은 혼자가 아니라 함께할 때 더욱 빛을 발합니다.

## 하나님은 왜 나를 고아로 만드셨을까?

우리는 흔히 삶에서 실패를 이야기할 때 개인적인 좌절이나 관계 속의 어려움에 초점을 맞춥니다. 하지만 영적 실패에 대해서는 잘 이야기하지 않습니다. 영적 실패는 눈에 보이지 않지만 가슴 깊은 곳을 무너뜨리는 아픔이기에, 어쩌면 더 어렵게 느껴질지도 모르겠습니다. 모든 사람이 이런 경험을 나누는 것은 아니겠지만, 내 삶에는 신앙이 흔들린 사람들과 동행했던 시간이 많았습니다. 그들은 한때 하나님과의 관계에 대한 확신으로 가득했지만, 어느 날 모든 것이 산산이 부서져 버린 것처럼 느꼈습니다. 끝이 보이지 않는 혼란 속에 빠져 있었습니다.

신앙이 흔들리는 건 단지 믿음의 문제가 아닙니다. 삶의 모든 면을 흔들어 놓는 일입니다. 그런 경험은 실패자가 된 것처럼 고통스러운 낙인을 남깁니다. 혹시 이 글이 당신의 이야기를 대변하는 것처럼 느껴진다면, 아마도 당신이 지금 그 혼란과 상실의 한가운데에 있는 건지도 모르겠습니다.

어느 순간 당신은 다니던 교회를 떠났고, 그곳이 이제는 낯선 공간처럼 느껴질 수도 있습니다. 한때는 기쁨과 소속감을 주던 교회 공동체가 이제는 외로움과 단절의 공간처럼 느껴지는 것도 이상하지 않습니다. 기도하거나 성경을 읽는 일이 어색해지고, 하나님과의 교제가 점점 멀어지는 것처럼 느껴질 수도 있습니다. 분노와 슬픔과 혼란이 당신의 마음을 가득 채우고 있을지도 모릅니다. 믿음이 흔들리던 시점으로부터 오늘에 이르기까지, 자신을 제대로 붙잡지 못할 듯한 공허감이 남아 있을 수도 있습니다. 이제는 그런 감정 자체가 부끄럽게 느껴질 수도 있습니다.

나는 내 인생 선배이자 삼촌 같은 작가 필립 얀시를 자주 만나 그와 함께 커피를 마시곤 합니다. 그럴 때마다 그는 나에게 실패와 고통, 절망과 아픔에 관해 많은 조언을 해줍니다.

얀시는 자기 인생에서 최대의 위기는 아버지를 잃었을 때라고 말했습니다. 어릴 적에 아버지를 잃은 경험과 신앙의 흔들림을 자기 책에서 이렇게 나눕니다. "이제는 아무것도 제자리에 있지 않았다. 모든 것이 흔들렸다. 어쩌면 내가 흔들렸을지도 모른다. 어느 쪽이든, 나는 방향을 잃어버린 것 같았다."

그는 어린 시절에 엄격한 근본주의 교회에서 자라며 하나님을 두려움의 대상으로 받아들였습니다. 율법주의와 위선으로 가득 찬 환경은 하나님에 대해 왜곡된 이미지를 심어주었고, 결국 그의 믿음을 흔들었습니다. 그리고 그의 아버지가 소아마비로 세상을 떠나면서, 믿음에 대한 커다란 질문과 마주해야 했습니다.

'하나님은 왜 우리 가족의 기도에 응답하지 않으셨을까? 나를 왜 고아로 만드셨을까?'

믿음이 무너질 때, 우리는 얀시처럼 잠시 방향을 잃곤 합니다. 한때 분명했던 신앙은 서서히 안개 속으로 사라지고, 견고하던 삶의 터전은 어느새 발밑에서 무너지는 모래성처럼 흔들립니다. 타인과 비교하며, 더 깊은 내면의 수렁으로 빠져드는 자신을 발견하기도 합니다. 한때 뜨겁게 예배하던 친구들이 지금은 지친 눈빛으로 불완전한 삶을 살아가는 모습을 보면 "혹시 나도 실패한 것이 아닐까"라는 속삭임이 마음 한구석을 채웁니다.

하지만 실패는 끝이 아닙니다. 신앙의 자리에서 넘어질 때, 우리는 비로소 새로운 질문을 던질 기회를 얻게 됩니다. 무너진 폐허 한가운데에서도 다시 하나님을 찾기 시작합니다. 그리고 그 순간, 예전보다 더 깊고 조용한 은혜의 숨결이 우리의 마음을 감싸기 시작합니다.

얀시는 이렇게 말합니다. "믿음이 무너졌을 때, 나는 그 폐허 속에서 다시 하나님을 찾기 시작했다. 그리고 그분이 내가 상상했던 것보다 훨씬 사랑이 많고 은혜로우신 분임을 알게 되었다."

## 실패한 신앙은 없습니다

신앙이 무너졌다고 느끼는 순간이 있습니다. 더 이상 기도하지 못할 것 같고, 예배의 자리에서도 눈물이 나지 않을 때, 스스로 실패자처럼 느껴지기도 합니다. 자신이 완벽하지 않다고 자책하기도 합니다.

우리는 완전하지 않습니다. 자주 넘어지고, 흔들리고, 의심합니다. 신앙의 여정에도 넘어지는 순간이 올 수 있습니다. 하지만 그 모든 약함을 품으시는 분이신 하나님은 든든하십니다. 어쩌면 실패했다고 느낄 때의 마음의 무게가 당신이 하나님을 더 깊이 사랑하게 되었다는 증거일지도 모릅니다. 그러므로 어쩌면 넘어진 자리에서 다시 시작하는 것이야말로 하나님께서 우리를 부르시는 새로운 여정의 첫걸음일 것입니다.

하나님은 우리의 실패 속에서도 여전히 일하고 계십니다. 삶이 흔들리고 마음에 작은 균열이 생기는 순간에도 우리를 포기하지 않으십니다. 조용히, 그러나 분명하게, 우리의 삶이라는 노트 위에 그분의 이야기를 써 내려가고 계십니다. 때로는 완전히 무너져 내린 듯한 자리에서, 오히려 가장 진한 은혜를 마주하게 됩니다. 그래서 나는 자주 이렇게 속삭이고 싶습니다.

"실패한 신앙은 없습니다."

믿음은 실패로 정의되지 않습니다. 신앙은 넘어지기도 하고 다시 일어서면서 하나님을 더 깊이 알아가는 과정입니다. 그 여정의 끝에는 우리가 상상하지 못했던 은혜가 기다리고 있습니다. 믿음이 실패로부터의 회복을 이루는 가장 큰 힘인 겁니다. 당신이 이런 믿음 안에 있을 때, 마음껏 실패를 연습하고, 마음껏 좌절도 경험하고, 마음껏 기뻐도 하십시오. 이것이 믿음의 축복입니다. 그런데도 우리는 자주 신앙을 '옳고 그름'이나 '성공과 실패' 같은 잣대로 재려 합니다. 신앙은 그렇게 선을 긋는 것이 아닙니다. 흔들리면서도 하나님을 바라보려는 마음의 여정입니다.

우리는 완전하지 않기에 넘어질 수 있습니다. 그렇지만 그 자리에 머무르지 않고 다시 걸어가는 용기를 하나님은 사랑하십니다. 신앙은 잘하려고 애쓰는 것이 아니라, 하나님의 사랑 안에 머무르려는 마음입니다. 하나님은 당신의 강한 모습뿐 아니라 당신이 무너진 날도, 울고 있던 밤도, 혼자 떨고 있던 새벽까지도 기억하시고 함께하십니다.

당신의 삶이 지금 어떤 계절에 있든, 하나님은 결코 당신을 실패라고 부르지 않으십니다. 당신은 여전히 그분의 사랑 안에 있고, 당신의 이야기는 아직 끝나지 않았습니다. 그 자리에서 조용히 다시 시작해도 괜찮습니다. 그 자체로 충분하니까요.

## chapter 8

# *Celebrating*

## 축하하기
: 고난 속에서 발견한 희망을 기억하기

'축하하기'(Celebrating)를 다른 말로 하면 칭찬하기다. 축하 또는 칭찬은 심리적이고 사회적인 유대와 기쁨을 나누는 중요한 행위다. 이건 신앙적으로도 중요하다.

> 작은 일들을 축하하세요, 언젠가는 그것들이 사실 가장 중요한 일이었음을 깨닫게 될 것입니다.
> _로버트 브롤트(Robert Brault)

> 당신이 당신의 삶을 더 많이 찬양하고 기뻐할수록, 삶에서 기뻐할 일이 더 많이 생깁니다.
> _오프라 윈프리(Oprah Winfrey)

### 작은 변화라도 축하하라

모든 부모는 아이가 '엄마, 아빠'라는 첫 말을 할 때부터 자기 자녀가 천재처럼 특별하다고 믿는 경험을 합니다. 우리 부부도 예외가 아니었습니다. 열다섯 살까지 모범생으로 자란 아들을 보며, 그 아이가 평생 선한 아들로만 살아갈 거라고 믿었습니다. 그러나 현실은 우리 부부의 기대와 달랐습니다. 아들이 열다섯 살이 되었을 때 비디오 게임에 푹 빠져들었습니다. 정말 선한 모범생 같던 아이가 게임만 시작하면 온라인 게임 속의 친구들로부터 배운 욕을 서슴없이 사용하기 시작했습니다. 우리는 처음 겪는 그의 변화에 혼란스러웠습니다. 그야말로 걱정되기만 하고, 기도만 해야 했습니다.

우리는 아이의 게임 시간을 조절해 보려고 애썼습니다. 하지만 많은 부모들이 경험하는 것처럼, 자녀를 통제한다는 건 쉽지 않습니다. 주말에만 게임을 허락하는 것이 가능할 것이라고 믿었지만, '조금씩 나아지겠지'라고 기대하던 마음은 몇 주도 되지 않아 무너졌습니다. 자제력을 길러주려는 우리의 바람은 반항심으로 돌아왔습니다. 부모의 통제 때문에 모든 일에서 화가 머리끝까지 오른 아들은 말도 듣지 않았고, 우리는 그 아이 앞에서 점점 작아져 갔습니다. 결국 우리에게 남은 선택지는 기도하며 지켜보는 일뿐이었습니다. 아이의 사춘기가 그토록 험난할 줄은 몰랐습니다. 그래도 하나님의 은혜로, 그 첫 번째 폭풍이 어느덧 지나가고 졸업이라는 쉼표에 닿았습니다.

우리 부부는 '아들이 졸업 후에는 좀 나아지겠지'라고 생각했습니다. 하지만 인생이라는 여정은 늘 또 다른 산을 만나게 하지요. 어느 날 아들은 "세상을 좀 배우고 오겠다"며 홀연히 유럽으로 떠났습니다. 그가 떠난 후 우리 부부는 아들이 무사히 돌아오기만 바랄 수밖에 없었습니다. 그러던 어느 날, 분명히 1년은 돌아오지 않겠다던 아이가 뜻밖에 석 달 만에 돌아왔습니다. 자연스럽게 2학기부터 대학 생활을 시작했습니다. 그때부터 아들에게 조금씩 변화가 시작되었습니다. 예전처럼 게임에 매달리는 모습은 사라지고, 캠퍼스에서 부지런히 하루하루를 살아가는 또래의 친구들을 보면서 자기의 자리를 찾으려고 애를 썼습니다. 게임이 아닌 현실에서 살아가야 한다는 것을 아들도 비로소 느끼기 시작한 것 같았습니다. 그의 변화는 봄에 내린 눈처럼 조용했지만, 우리는 그 모습을 보며 안도할 수 있었습니다.

요즘 대학에서는 전공이 다른 학과들끼리 융합연구를 추구하는 것이 추세입니다. 아들은 그중에서 인기 있는 것 중의 하나인 화학과 물리학의 융합연구에서 박사 과정을 밟고 있습니다. 아들이 가끔 집에 오는데, 그런 날은 우리 가족 모두 그의 눈치를 봅니다. 가족이 기르는 두 마리의 강아지까지 숨소리를 낮추게 합니다. 나는 물론이고, 우리 집의 '여자들'도 그의 비위를 맞추기 위해 최선을 다합니다. 집에 와도 바로 방에 들어가 버리고, 컴퓨터를 두 대나 켜고서 프로젝트 연구에 몰두하기 때문입니다. 요즘엔 예전처럼 시끄러운 총소리와 욕설이 난무하는 게임을 하는 아들의 모습을 전혀 볼 수 없습니다. 집중과 몰입의 정적뿐입니다.

아들은 자신의 변화와 결단에 대해 가족에게 어떤 설명도 암시도 하지 않았습니다. 그저 언젠가, "아버지, 게임에만 몰두하면 연구실에서 쫓겨나요."라며 허탈하게 웃는 모습을 보여주었을 뿐입니다. 그것이 그의 변화를 설명하는 유일한 말이었지만, 우리에겐 그것으로 충분했습니다. 아들의 결단을 대대적으로 축하해주진 못했지만, 우리 마음속엔 이미 그의 변화에 대한 깊은 감사와 기쁨이 자리 잡았습니다. 아들은 우리가 자신을 격려하기 위해 수년간 암암리에 모든 '축하'의 방법을 사용했다는 걸 알고 있는지, 요즘엔 엄마와 아빠에게 가끔 미소도 지어주고 말도 고분고분하게 하면서 몸을 많이 낮춥니다. 아들이 변하고 있습니다.

이 작은 간증이 우리 부부와 비슷한 고민을 하는 부모들에게 작은 위로와 희망이 되었으면 합니다. 자녀의 변화는 강요나 통제에서 생기는 것이 아니며, 스스로 자각하고 선택할 때 가장 아름다운 열매를 맺는다는 사실을 우리 부부도 알게 되었기 때문입니다. 그래서 그리스도인들은 하나님의 시간이 오면 다 된다고 말하고, 사람들은 때가 되면 철이 든다는 말을 하는가 봅니다.

### 사람을 치유하고 하나 되게 하는 힘

우리는 살면서 축하의 중요성을 자주 잊습니다. 함께 살아온 시간이 긴 부부들은 삶의 무게에 눌려 작은 변화나 성취를 기념하는 일에 소홀해지기 마련입니다. 하지만 축하하는 일은 우리를 현재에 집중하게 하고, 서로를 이해하고 연결하며, 인생의 긴 여정을 이어갈 힘을 줍니다.

기독교 전통에서 축제는 단순히 즐겁게 지내는 것을 넘어섭니다. 하나님의 은혜를 기억하고 감사하며, 공동체가 하나로 묶이는 영적인 시간입니다. 구약성경 속의 축제들은 수확의 기쁨을 축하하고 새로운 계절을 맞이하는 순간을 기념했습니다. 심지어 어떤 때는 빚을 탕감해주기도 했습니다. 그들의 축제들은 단순히 의식이나 규칙이 아니었습니다. 하나님의 선물로 가득한 삶에 대한 깊은 감사의 표현이었습니다.

나는 1989년에 대만 화련 지방에 있는 공산권 선교훈련센터를 방문했습니다. 그곳에서 특별한 축하 문화를 경험했습니다. 그들은 축제를 통해 공동체를 하나로 묶었고 희망을 불어넣었습니다.

그러면서 자신들만의 독특한 문화를 발전시켰습니다. 음식과 의식과 기쁨의 나눔이 어우러진 그들의 축제는 단순한 행사를 넘어 그들의 삶에서 중심을 이루고 있었습니다. 나는 그곳에서 축제가 가진 놀라운 힘을 보았습니다. 축제, 곧 축하는 사람들을 치유하고 다시 앞으로 나아가게 하는 힘이었습니다.

우리가 삶에서 누리는 기쁨의 순간들, 축하해야 할 순간들은 단순한 이벤트 이상이어야 합니다. "칭찬은 고래도 춤추게 한다"라는 말도 있습니다만, 축하해주는 습관은 칭찬 이상의 파급 효과를 가져옵니다. 축하는 칭찬보다 큰 개념이기 때문입니다. 축하는 사람들 사이에서 사랑과 연대를 회복하게 하며, 하나님과 우리의 관계를 깊게 하고, 우리 자신에게도 삶의 진정한 의미를 되새기게 만듭니다. 축하하는 일을 통해 삶의 소중함을 더 많이 느끼고 나눌 수 있기를 소망합니다.

우리는 흔히 영적 훈련이라고 하면 침묵, 금식, 기도, 봉사 등을 떠올립니다. 중요하고 전통적인 영적 훈련의 방법들입니다. 그것들은 모두 하나님과 깊이 연결되기 위한 도구들입니다. 하지만 사람들은 그런 훈련 방법이 그저 '공식적'이라고 느낍니다. 우리의 일상과 동떨어져 보일 때도 많습니다. 하지만 축하와 파티는 현재와 여기(now and here)에서 우리가 하나님의 살아계심을 경험하도록 돕습니다.

축하와 파티는 우리의 일상에 자연스럽게 스며들며, 하나님의 선하심을 경험하고 나눌 수 있는 공간을 만듭니다. 작은 것이라도 기뻐하고 나눌 때, 우리는 일상에서 하나님의 손길을 더 분명히 느낄 수 있습니다. 그래서 나는 '축하'와 '파티' 또한 영적 훈련이라고 믿습니다. 사람들은 축하라는 주제가 영적 훈련의 하나라는 것을 들을 때 놀라워하고 공감하며, 축하와 기쁨이 영적 훈련에서 간과되고 있다는 사실을 인식하게 되었습니다.

우리는 모두 하나님의 형상을 따라 창조되었습니다. 이것은 인종과 종교, 나이와 경험, 성공과 실패와 관계없이 우리 안에 내재된 진리입니다. 그러나 현실에서는 하나님의 형상이 삶의 고통과 깨진 관계 속에서 가려지곤 합니다. 때로는 자신이나 다른 사람들 안에서 선한 형상을 보지 못하고 부정적인 면에만 초점을 맞춥니다. 그래서 점점 더 희미해진 빛 가운데에서 살아갑니다. 하지만 축하하고 기뻐하는 순간은 전쟁 중에도 잔해 아래에 숨은 선한 것을 발견하게 합니다. 사람들이 보지 못했던 빛을 다시 보게 하고, 잃어버린 소망을 되찾게 하는 통로가 됩니다.

사람마다 치유와 변화의 속도와 방법은 다릅니다. 어떤 사람에게 효과적인 것이 다른 사람에게는 그렇지 않을 수 있습니다. 중요한 것은 결과에만 집착하지 않고 그 치유의 과정을 함께하는 것입니다. 치유의 과정에서 중요한 것이 축하하는 일입니다. 축하와 파티는 단순히 결과를 기뻐하는 행위가 아닙니다. 삶의 여정에서 걸어온 길을 인정하고, 앞으로 나아감을 감사하며, 하나님께서 여전히 우리와 함께하신다는 믿음을 나누는 순간입니다.

우리가 누군가의 기쁜 일에 마음을 모아 축하할 때, 그 순간은 하나님께서 우리 곁에 계심을 조용히 느끼게 합니다. 그때의 따뜻한 마음은 서로를 향한 사랑과 존중을 더욱 깊고 넉넉하게 만들어줍니다. 축하는 보통 기쁜 일을 나누는 것이지만, 축하의 본질은 단순히 기쁨을 나누는 것이 아닙니다. 서로가 경험한 작고 사소한 변화에서 하나님의 손길을 발견하고, 치유와 회복을 기념하는 일입니다.

축하는 사랑의 언어이고, 기쁨을 기억하는 방식이며, 내일을 여는 믿음의 고백입니다. 작은 기쁨이라도 발견하여 축하하며 나누는 일이야말로 공동체와 개인 모두에게 깊은 위로와 영감을 줍니다. 우리가 함께 축하할 때, 그 순간은 하나님께서 우리와 함께하심을 느끼게 하고, 서로를 향한 사랑과 존중을 더욱더 깊게 만듭니다.

축하는 단지 그날의 환호로 끝나는 일이 아닙니다. 내일을 향한 희망의 씨앗이 됩니다. 작고 소박한 기쁨일지라도 함께 발견하고, 진심으로 축하하며 나누는 순간이야말로 우리의 마음을 부드럽게 감싸주고, 공동체와 개인 모두에게 깊은 위로와 은은한 감동을 남깁니다.

## 축하할 일은 일상에 흔하다

축하를 우리 삶에서 특별한 날에만 할 필요는 없습니다. 나는 감사와 축하가 반드시 거창한 행사나 특별한 날만을 위한 것이어야 한다고 생각하지 않습니다. 때로는 소소한 일상의 순간들이 더 큰 축하의 이유가 될 수 있기 때문입니다. 한 사람의 용기 있는 선택, 회복의 첫걸음, 실패에도 포기하지 않은 마음, 이 모든 것이 축하받아 마땅합니다. 그래서 축하할 때마다 특별한 이벤트를 마련하지 않아도 괜찮습니다.

축하의 진정한 힘은 그 뒤에 담긴 마음과 창의성에 있습니다. 예산이나 형식은 중요하지 않습니다. 축하하는 자리가 소박하고 단순해도 됩니다. 사랑과 존중, 그리고 감사의 마음을 서로 나누는 것이면 충분합니다. 때로는 따뜻한 말 한마디나, 그냥 조용히 곁에 있어는 것만으로도 충분합니다. 누군가의 이야기를 경청하고 진심어린 응원의 말을 건네거나, 그날의 수고를 감사하며 함께 식사를 나누는 것으로도 충분합니다.

때로는 축하받아 마땅한 어떤 변화가 너무 작아 눈에 잘 띄지 않을 수도 있습니다. 사람들이 여전히 외로운 싸움을 하고 있고, 실패의 고통 속에서 헤매고 있고, 관계의 상처를 극복하려고 애쓰고 있을지 모릅니다. 그러나 바로 그런 치열함 속에서 축하의 순간이 자주 태어납니다. 우리에게는 작은 승리를 놓치지 않고, 그것에 감사하며 축하하는 일이 필요합니다. 사실 축하의 시작은 감사하는 마음입니다. 감사는 단순하지만, 우리의 일상을 변모시키는 가장 강력한 힘입니다.

하지만 우리는 이렇게 중요한 축하를 일상에서 종종 지나칩니다. 우리의 시선은 이루지 못한 목표, 여전히 부족한 점, 아직도 멀게만 느껴지는 꿈에 머물러 있을 때가 많습니다. 그럴 때마다 나 자신에게 물어봅니다. "지금 여기에서, 나는 무엇을 축하할 수 있을까?" 이 질문은 일상에서 보지 못했던 선물 같은 순간들을 다시 바라보게 합니다.

내가 고등학생일 때, 수업 시간 전에 반장이 박카스나 커피를 강단에 가져다 놓으면 선생님들이 매우 좋아하셨던 기억이 납니다. 그 순간이 감사를 표현한 작은 축하의 시간이 되었습니다. 선생님께서 기분이 좋으신 날은 가끔 수업을 접고 인생 경험담 같은 진심이 담긴 이야기를 해주셨는데, 그 이야기가 학생들의 삶의 방향을 바꾸기도 했습니다. 그 선생님처럼 지도자는 공동체의 방향을 제시하는 사람이어야 할 뿐 아니라, 그 여정에서 만나는 작은 일에도 가장 먼저 기쁨과 축하를 나누는 사람이 되어야 하는 겁니다.

당신도 삶의 터에서 누구에게든 그 선생님과 같은 지도자가 됩니다. 공동체를 향해 진심어린 축하의 마음을 전할 때, 그 일은 공동체 전체에 감사와 은혜의 문화를 퍼뜨립니다. 작은 일을 축하하지 않는 리더는 성취라는 결과만을 바라보며 과정을 간과할 위험이 있습니다. 객관적으로 크고 잘한 일의 결과를 축하하는 것은 쉽습니다. 작은 진전, 적은 노력까지 따뜻하게 인정해주는 일이야말로 공동체를 끈끈하게 묶고, 함께 걸어갈 동력을 만들어줍니다. 이런 공동체는 당연히 잘 단합될 수밖에 없습니다.

그런데 우리는 때때로 다른 이의 노력을 지나치게 평가절하하거나 '이 정도쯤이야' 하며 넘겨버릴 때가 있습니다. 하지만 작은 성과일지라도 그 이면에 수많은 용기와 눈물이 담겨 있을 수 있습니다. 그것을 진심으로 축하해주는 일은 한 사람의 마음을 살리고, 공동체 전체의 숨결을 더 따뜻하게 만들어줍니다. 그러므로 당신이 리더라면 공동체 안에서 피어나는 변화의 숨결을 예민하게 감지하고, 그 빛나는 순간들을 축하할 수 있도록 분위기를 조율하는 '따뜻한 리듬 메이커'가 되어야 합니다. 리더는 공동체 안에서 축하의 불씨를 지펴주는 사람이 되어야 한다는 뜻입니다.

공동체에서의 축하는 단지 기쁜 일을 나누는 데서 그치지 않습니다. 공동체의 이야기를 기억하고, 때로는 눈물 속에서도 여전히 살아 숨 쉬는 선한 움직임을 찾아내어 함께 품어주는 따뜻한 손길입니다. 축하가 있는 공동체는 서로의 작은 노력도 귀하게 여깁니다. 한 사람의 조용한 변화도 소중히 받아들이며, '함께 자란다'라는 기쁨을 자연스럽게 나눕니다. 축하의 언어가 일상이 되는 공동체는 쉽게 흔들리지 않습니다. 말보다 따뜻한 눈빛 하나, 소소한 승리에도 함께 박수 쳐주는 손길 하나가 서로의 상처를 감싸고, 그 안에 새로운 희망을 피워냅니다. 그 안에 있는 사람들은 하나님께서 지금도 우리의 삶을 섬세히 빚어가고 계심을 느끼게 됩니다. 그런 축하를 통해 서로를 더 깊이 사랑하고, 하나님의 나라를 이 땅에 조금씩 실현하게 될 것입니다.

## 격려가 축하가 된다

축하는 성공만 기념하는 일이 아닙니다. 실패의 틈 사이로도 피어나는 희망을 바라보고, 주저앉은 자리에서도 여전히 함께 웃어줄 수 있는 용기를 키우는 일입니다. 말하자면, 격려도 축하가 될 수 있습니다. 그렇게 서로를 격려할 때, 공동체는 점점 더 단단해지고 부드러워집니다. 그 속에 하나님의 사랑이 자연스레 흐르게 됩니다.

2023년, 어느 청년부흥집회에서 현주라는 자매를 만났습니다. 그녀의 눈빛엔 어디에도 말하지 못한 슬픔이 어딘가에 고요히 머물러 있었습니다. 자신의 존재 가치를 온전히 바라보지 못한 채, 마음 깊은 곳에서 위태롭게 흔들리고 있는 모습이었습니다. 그녀는 오랜 시간, 직장 내의 따돌림과 상사의 감정적 학대 속에서 하루하루를 버텨내고 있었습니다.

'나는 왜 이렇게 부족할까?'

'내가 뭘 잘못한 걸까?'

끝없이 자신을 책망하며, 어느덧 퇴사를 결심하게 되었지요.

그 자매를 가장 깊이 무너뜨린 건, 나르시스 성향의 직장 상사가 휘두른 가스라이팅이었습니다.

"넌 아무것도 할 수 없어. 내가 참아주니까 같이 일하는 거야."

그 말은 칼날처럼 그녀의 마음에 깊이 꽂혔습니다. 상사의 강압과 비난과 통제는 때로 '사랑'이라는 이름으로 포장되어 그녀를 더욱 옥죄었습니다. 대화는 단절되고, 주변과의 관계도 서서히 끊겼습니다. 그녀는 결국 상사의 말에 이끌려 모든 잘못이 자기 탓이라고 믿게 되었습니다. 그녀의 공로는 빼앗겼고, 감정은 조롱당했으며, 판단력마저 흐려졌습니다. 홀로 견뎌야만 했습니다. 내 앞에서 눈물을 흘리며, 이렇게 말했습니다.

"이젠 제 삶이 너무 무의미해요. 너무 지쳤어요…."

그녀가 흘리던 눈물에는 무너진 자존감과 세상에서 버려진 듯한 외로움이 묻어나 있었습니다. 우울증이 깊어졌고, 삶은 마치 빛이 닿지 않는 긴 터널처럼 느껴졌습니다. 그녀의 마음을 감싸고 있던 것은 가스라이팅이 남긴 상처의 악순환이었습니다.

그녀는 덴버에서의 짧은 상담을 뒤로하고서 다시 집으로 돌아갔습니다. 일상은 여전히 아팠지만, 그녀는 그날 나와 나눈 대화와 가슴에 담아간 작은 숙제를 잊지 않았습니다. 매일 아침, 거울 앞에서 자신을 다독이는 일이었습니다. 그러면서 조금씩, 아주 조금씩 무너진 마음의 기초를 다시 세워가기 시작했습니다. 그리고 얼마 후, 그녀는 조심스럽고도 설레는 마음으로 나에게 연락해 왔습니다.

"목사님이 보여주신 모습처럼 살아보려고 해요. 오늘도 가르침대로 하루를 잘 보냈어요. 권면해 주신 대로, 저를 가장 힘들게 했던 동료와 상사에게 화내지 않고, 분노를 조절하며, 오히려 친절하게 대하려고 애썼어요. 그런데요 목사님… Guess what happened?(무슨 일이 생겼는지 상상해보실래요?) 진짜… 세상이 변하기 시작했어요. 저를 따돌리던 동료는 결국 회사에서 쫓겨났고, 부당하게 괴롭히던 상사도 다른 사람들에게 같은 행동을 하다가 감사를 받았어요. 정말 하나님께서 원수의 목전에서, 보란 듯이 저에게 격려의 밥상을 차려 주셨습니다. 처음엔 너무 힘들었지만, 연습한 대로 해봤더니, 정말 달라졌어요! 감사합니다. 저 오늘도 잘 버텨내고 있어요. 이상 없음! 건강하세요."

그녀의 문장 사이사이엔 아직 다 아물지 않은 마음의 떨림이 스며 있었지만, 나는 분명히 느낄 수 있었습니다. 그녀 안에서 일어난 작은 변화, 그러나 분명한 회복이었습니다. 그 회복의 시작은 순종과 용기였습니다. 무너진 마음 한가운데 심은 믿음의 씨앗이 싹트고 있었습니다. 성령님께서 조용히 일하고 계셨던 것입니다. 나는 그녀에게 축하의 말을 아끼지 않았습니다.

우리가 공동체 안에서 서로에게 줄 수 있는 가장 따뜻한 선물은 바로 이런 순간을 놓치지 않고 축하해주는 것입니다. 조용히 일어나 걷기 시작한 이의 용기를 알아보고, 그 시작을 함께 기뻐해 주는 일이야말로 하나님 나라의 온기를 이 땅에 심는 작은 기적이 아닐까요?

## 감사하고 축하할 일을 찾으라

축하하는 습관에는 감사의 마음이 담겨 있습니다. 감사는 단순히 기분 좋다는 표현을 넘어 우리를 치유하고, 새롭게 하는 힘을 가지고 있습니다. 심리학자들은 감사가 우리의 뇌를 긍정적으로 변화시키며, 스트레스를 줄이고 행복을 증진한다고 말합니다. 성령님이 함께하시고 축복해주시는데, 어느 누가 행복하지 않겠습니까?

노아미니스트리의 자아 회복 프로그램에서도 불평하는 태도를 버리고 감사하는 태도를 기르며, 자존감을 높이는 훈련이 핵심입니다. 우리가 의도적으로 좋은 것을 인식하고 감사의 마음을 표현할 때, 그 안에 놀라운 힘이 생겨납니다.

《고독의 힘》(The Power of Solitude)이라는 책의 저자들(Mateo Sol과 Aletheia Luna)은 "감사란 영적 성장과 자기 발견을 위해 현재의 고독한 순간에도 우리가 가진 것에 대해 깊이 감사하는 것"이라고 설명합니다. 감사는 우리가 살아가는 순간순간에 집중하게 만들고, 잊어버린 기쁨을 되찾게 도와줍니다. 우리는 하루를 돌아보며 하나님의 임재를 발견하고, 그 안에서 감사의 순간들을 찾도록 도와달라는 기도를 해야 합니다.

나는 자주 성도들과 청년들에게 이렇게 묻습니다.

"오늘 하루에서 감사할 일이 무엇인가요?"

어려운 상황에서 감사하기는 사실 어렵습니다. 누군가는 항상 감사하기가 어려운 상황 가운데 있습니다. 이 질문은 그런 속에서도 감사를 잊지 않기를 바라는 마음에서 묻는 것입니다. 삶이 우리를 무겁게 짓누르고 어둠 속으로 밀어 넣으려 할수록, 감사의 빛은 더욱더 강하게 빛나기 때문입니다.

감사의 이유가 거창하지 않아도 괜찮습니다.

"오늘도 한 끼를 먹었어요."
"내가 사랑하는 사람이 웃었어요."
"그래도 나는 자녀가 있어요."
"우리 목장의 자매가 드디어 주일 예배에 나오기 시작했어요."
"우리 학과 친구들이 하나님을 믿는 친구여서 좋아요."

이렇게 단순한 이유도 충분합니다. 이런 작고 소소한 감사가 결국 우리를 다시 일어서게 하고, 축하할 이유를 찾게 만듭니다.

## 삶을 살아낸 사람을 존중하는 마음의 표현

내가 상담심리학 박사 과정을 밟던 시절에, 2,500시간이라는 긴 실습 시간을 채우기 위해 병원에서 일할 기회를 얻었습니다. 그곳에서 나는 미국 사람들의 삶에 깊이 뿌리내린 '축하의 문화'를 처음으로 진하게 마주했습니다. 그들은 아주 작고 평범해 보이는 순간조차 놓치지 않고 함께 기뻐했습니다.

피부암을 이겨내고 다섯 번째 생일을 맞이한 작은 아이, 오랜 학대의 그늘에서 빠져나와 다시 웃기 시작한 중년 여성, 심장 소생술로 기적처럼 살아난 어머니, 원인을 알 수 없는 바이러스를 이겨낸 청년, 신생아 중환자실의 인큐베이터 속에서 기적처럼 숨 쉬는 갓난아기를 보며 눈물짓던 엄마까지, 그 병원에선 누구도 혼자 아프지 않았고, 누구도 홀로 이겨내지 않았습니다.

병원의 복도마다 의사와 간호사, 치료사와 상담사들이 전한 따뜻한 축하와 응원의 메시지들이 가득했고, 그 벽에 써 붙인 격려와 축하의 글 하나하나가 환자들의 가슴에 희망을 심었습니다. 그들은 그저 병을 고치는 사람들이 아니라 삶을 함께 축하하는 동역자들이었습니다. 그때 나는 처음으로 깨달았습니다. 축하란 단지 잘된 결과를 기뻐하는 것이 아니라, 삶을 살아낸 사람을 존중하는 깊은 마음의 표현이라는 것을…. 생명을 향해 다시 걸어가는 모든 걸음을 따뜻하게 밝혀주는 등불이라는 것을…. 사람들은 축하 속에서 삶의 고통을 조금이나마 덜어내고, 자신이 혼자가 아님을 비로소 깨닫게 됩니다.

내가 뉴욕에서 진행했던 한인 방송국의 상담 프로그램에서 어떤 부부를 소개한 적이 있습니다. 15년간의 결혼 생활 끝에 남편이 대마초와 마약 사용을 고백했고, 그로 인해 직장 생활이 무너져가는 위기 상황에 있었습니다. 하지만 그들은 서로를 존중했고, 자녀들을 위해 부부관계를 새로운 형태로 전환하기로 결단했습니다. 결혼을 마무리하고, 두 딸의 공동 양육자가 되기로 새로운 서약을 맺은 것입니다. 우리는 그들의 용기와 결단을 축하하며, 남편의 약물치료와 아내의 새로운 삶을 향한 출발을 축복했습니다.

누군가는 이렇게 물을지도 모릅니다. "정말 이혼도 축하할 수 있나요?" 내 대답은 "네"입니다. 때로는 삶의 불가피한 변화와 종말조차 축하할 수 있습니다. 물론 모든 상황에 적용되는 것은 아니지만, 상처와 고통 속에서도 서로를 존중하며 새로운 시작을 선택할 때, 그 용기와 결단은 축하받아 마땅합니다. 그 부부의 이야기는 단지 끝이 아니라 새로운 시작을 위한 이야기였기 때문입니다. 그 남편은 마약 퇴치 프로그램을 성실히 이수하며 새로운 삶을 살고 있습니다. 그 과정에서 이혼한 아내의 기도와 지지가 얼마나 큰 힘이 되었는지 모릅니다. 그 힘이 함께 축하하는 자리에서 더할 나위 없이 분명히 드러났습니다.

축하는 단지 기쁨을 표현하는 행위가 아닙니다. 고난 속에서 발견된 희망을 기억하고, 실패 속에서도 새롭게 일어나는 가능성을 붙잡는 일입니다. 실패의 자리에서도 작은 전진을 발견하고, 두려움 너머의 용기를 포착하며, 다시 살아보겠다고 마음먹은 결단을 진심으로 환영해 주는 일입니다.

## 옛것은 항상 죽고, 새것은 항상 옵니다

영어에서 동명사를 만드는 '-ing'는 단순한 문법 요소 이상입니다. 나는 이 작고 부드러운 어미에서 놀랍도록 생동감 있는 메시지를 발견합니다. 그것은 어떤 동작이 끝나지 않았음을, 여전히 진행중인 것을 상기시킵니다. 마치 살아 숨 쉬는 생명의 리듬처럼 말이지요.

Rising(오르고 있는), Living(살아 있는)과 같은 단어에서 '-ing'는 움직임과 지속성을 품고 있으며, 새로운 삶의 가능성을 담고 있습니다. 나는 이 어미(語尾)가 신학적으로 부활과 닮았다고 생각해 보았습니다. 부활은 단 한 번의 사건이 아닙니다. 계속해서 일어나는 변화와 새로움의 과정이며, 영원한 생명으로의 초대이기 때문입니다. 이런 부활의 의미를 찬찬히 생각해 보면, 부활은 깨어남이고 회복이며, 어두움 속에서 새로운 빛을 발견하는 여정입니다. 다시 일어서고, 다시 사랑하고, 다시 살아가는 모든 순간이 부활입니다. 그래서 나는 사람들이 회복하고 부활하며, 새롭게 깨어나는 이야기를 사랑합니다. 이런 이야기는 단지 아름다울 뿐 아니라, 모두가 함께 나눌 수 있는 소망의 씨앗이 됩니다. 이런 부활은 단지 한 개인에게서 끝날 일이 아닙니다. 공동체 안에서 함께 발견되고 축하받아야 합니다. 당신이 리더라면, 이러한 축하의 문화를 공동체 안에 심어야 합니다.

공동체의 리더는 구성원들의 작은 '부활의 순간들'을 누구보다 먼저 알아보고, 그 이야기를 따뜻하게 끌어안고 축하해주는 사람이어야 합니다. 누군가의 조용한 성취, 자기의 말로는 표현하지 못한 변화, 작은 용기의 불씨 하나까지 놓치지 않고 기뻐할 줄 아는 리더가 있는 공동체는 더 따뜻해지고 더 아름다워집니다. 그 안에서 하나님이 주시는 생명과 희망의 숨결이 더 자연스럽게 흘러가기 시작할 것입니다.

나는 세례를 베풀 때마다 세례자에게 "옛것은 지나갔고 새것이 왔습니다"라는 고린도후서 5장 17절 말씀을 나누는 것을 잊지 않습니다. 이 책에서는 이 말씀을 조금 더 동적인 관점에서 해석하고 싶습니다.

"옛것은 항상 죽고, 새것은 항상 옵니다."

우리의 삶은 언제나 변화와 새로움의 물결 위를 조용히 흐릅니다. 우리는 크고 작은 고난을 건너면서 저마다의 방식으로 조금씩 새로워집니다. 때로는 잊고 지냈던 자기의 목소리를 다시 찾으며, 굳게 닫혀 있던 마음의 문을 조금씩 열기도 하고, 예상하지 못한 자리에서 삶의 아름다움을 발견하기도 합니다. 그리고 아주 오랫동안 움켜쥐고 있던 것들을 하나둘씩 내려놓는 것도 배워갑니다. 이런 순간들은 그저 지나가는 시간이 아니라 축하받아 마땅한 변화의 흔적들입니다. 그러니 어쩌면 … 실패 속에서도 새로움을 축하하고, 고난 속에서도 희망을 발견하며 살아가는 삶이 바로 '부활의 삶'이 아닐까요? 그런 점에서, 축하는 의무가 아닙니다. 사랑과 존중을 자연스럽게 표현하는 방식입니다.

이제, 함께 축하의 기도를 드리고 싶습니다.

하나님,
우리의 삶에서,
그리고 우리가 사랑하는 이들의 삶에서
변화와 성장을 알아차릴 수 있는 따뜻한 눈을 주십시오.
때로는 짧은 속삭임 같은 감사의 고백으로,
때로는 춤과 웃음이 가득한 축제의 순간으로,
우리 안에 살아계신 주님을 기뻐하며 축하할 수 있게 하소서.

축하하기: 고난 속에서 발견한 희망을 기억하기

'옛것은 지나가고 새것이 왔도다'라는
부활의 진리를 우리 마음 깊이 새기게 하시고,
우리의 하루하루가 작지만 분명한 '부활의 발걸음'이 되게
하소서.
오늘도 우리는 다시 살아나길 원합니다.
우리를 날마다 축하해주시는 예수님의 이름으로 기도드립니다.
아멘.

―――― chapter 9 ――――

# *Embodying*

## 빚어내기
## : 인격으로 나를 빚어 세상을 품으며 살기

'빚어내기'(Embodying)는 신앙의 실천적인 자기표현이며, 추상적 아이디어를 현실로 가져오는 행위를 말합니다. 신념과 감정, 혹은 가치가 행동으로 표현되는 과정으로 이해되며, 인간의 경험과 정체성이 몸을 통해 드러난다는 개념을 강조합니다.

> 평판보다 인격에 더 신경 쓰십시오.
> 평판은 다른 사람들이 당신에 대해 생각하는 것일 뿐이고,
> 인격은 당신의 진짜 모습입니다.
> _존 우든(John Wooden)

## 인격적인 삶, 세상을 바꾸는 작은 시작의 미학

콜로라도에서 로키산맥의 5월은 여전히 겨울의 그림자를 간직하고 있습니다. 나는 해발 4,000미터가 넘는 로키의 산속에서 겨울을 이기고 피어나는 신비한 들풀을 사진에 담기 위해, 매년 이맘때쯤이면 산을 오릅니다.

야생화(Wild Flower)를 사진에 담기 위한 나의 산행 중에서, 5월의 어느 아침의 산행을 잊지 못합니다. 아직 녹지 않은 잔설 위를 걷는데, 이른 봄의 찬 공기가 폐 깊숙이 스며들던 그 새벽에, 산은 말이 없었습니다. 하지만 그 침묵조차 생명의 숨결을 머금고 있었습니다. 바람은 나무와 속삭이며 지나가고, 나뭇잎은 햇살을 기다리는 듯 고요히 떨고 있었습니다.

나는 분명히 해가 빼꼼히 얼굴을 내미는 동틀 때부터 걷기 시작했는데, 햇살은 어느새 산등성이를 타고 내려와 내 앞길을 환

히 밝히고 있었습니다. 아침이슬에 젖은 풀잎을 밟으며 걷다 보니, 산행에 갈증이 났던 등산화는 흠뻑 젖고 말았습니다. 찬 공기는 깨끗한 물처럼 나의 폐를 씻어내는 듯했습니다. 바로 그 순간, 세상을 바꾸는 일은 거창한 외침이나 눈부신 업적에서 시작되지 않는다는 것을 문득 깨닫게 되었습니다. 이른 아침의 햇살처럼, 고요하지만 단단하게 세상을 밝히는 힘은 삶의 깊은 곳에서 숨 쉬고 있는 '인격'에 있다는 생각을 하게 된 것입니다. 인격적인 삶이란 바로 이런 숲길처럼 조용하지만, 깊은 울림으로 시작된다는 걸 알게 되었습니다.

　인격은 조용하지만, 그 뚜렷한 울림은 마음 깊이 스며듭니다. 삶을 바꾸는 힘은 내면의 중심에서 천천히 피어나, 우리가 살아가는 방식과 태도, 작은 일상의 선택들 속에서 조용히 퍼져나가는 것입니다. 인격적인 사람의 삶이 하루의 첫 햇살처럼 세상에 스며드는 순간, 그는 이미 누군가의 세상을 밝히고 있습니다. 인격적인 삶의 시작이란 이런 겁니다. 우리가 살아가는 방식을 통해 삶에 잔잔히 스며들며, 아침 햇살처럼 떠오르는 것입니다.

　인격적인 삶이란 단지 사람들에게 드러나는 매력적인 성격이나 태도만 의미하지 않습니다. 그보다 훨씬 더 깊고 단단한 뿌리에서 피어나는 내면의 품격, 곧 '인격' 자체에서 시작됩니다. 성격(personality)이 누군가의 말투, 표정, 취향, 그리고 관계 안에서 드러나는 감정의 결이라면, 인격(character)은 눈에 보이지 않아도 삶 전체를 이끄는 중심의 힘입니다. 성격은 환경과 사람들에 따라 바뀔 수 있지만, 인격은 시련이 닥쳐오고 시간이 지나도 쉽게 흔들리지 않습니다. 인격은 신념과 가치, 깊은 삶의 태도로 빚어진 것이기 때문입니다. 그래서 인격적인 삶은 세상의 시선이나 타인의 평가에 흔들리지 않습니다. 조용히, 그러나 굳건히 자신만의 신념과 원칙을 따라 걷는 사람은 세상에 잔잔하고도 선한 물결을 만들어냅니다.

인격적인 삶이 단지 도덕적인 기준을 지킨다는 뜻만도 아닙니다. 진심으로 타인을 이해하고, 그들의 아픔과 기쁨에 마음을 기울이며, 자기가 선 자리에서부터 작은 변화를 일으키는 삶은 마치 고요한 호수에 떨어진 한 방울의 물처럼 넓고 깊은 울림으로 퍼져나갑니다. 그 물결은 세상의 풍경을 조금씩 아름답게 바꿔갑니다.

넬슨 만델라는 강인한 정치인이라기보다 따뜻한 사람으로 기억됩니다. 남아프리카 공화국에서 인종차별 정책인 아파르트헤이트에 맞서 싸우며 27년을 감옥에서 보냈던 그는 억울한 마음과 분노를 표출하는 대신 용서와 화해를 선택했습니다.

"나는 과거의 상처에 머무를 시간이 없다."

만델라는 복수의 언어가 아닌 화해의 언어로 세계와 대화했고, 그의 용서는 수많은 사람들의 마음에 깊은 울림을 남겼습니다. 그의 리더십은 법과 정책을 넘어 사람의 마음과 역사를 움직이는 조용한 인격의 힘이었습니다.

영화배우 오드리 헵번은 스크린 속의 찬란한 미소와 우아한 자태로 많은 이들에게 사랑받았지만, 그녀의 진짜 아름다움은 은퇴 이후의 삶에서 더욱 빛났습니다. 영화계를 떠난 후, 유니세프 친선대사로서 굶주린 아이들과 병든 아이들 곁에 다가가 사랑을 전했습니다. 말보다 더 조용하게, 행동으로 사랑을 실천한 인격적인 삶을 살았습니다. 그녀는 이렇게 말했습니다.

"아름다운 입술을 원한다면 친절한 말을 하세요. 아름다운 눈을 원한다면 사람들의 선한 것을 보세요."

넬슨 만델라와 오드리 헵번, 이 두 사람은 우리가 자주 간과하는 '인격'이라는 고요한 힘이 세상을 얼마나 따뜻하게 변화시킬 수 있는지를 보여주었습니다.

인격적인 삶은 거창한 선언이나 눈에 띄는 성취에서 시작되지 않습니다. 타인을 이해하려는 작은 노력, 판단보다 연민을 선택하는 부드러운 마음, 약속을 지키려는 성실한 마음처럼 소박하고도 깊은 마음의 선택에서 시작됩니다. 그 작은 선택들이 모여 우리 안에 인격이라는 나무를 자라게 하고, 그 나무가 자라 숲을 이루고, 마침내 세상의 풍경을 바꾸게 되는 것입니다.

우리도 그렇게 살 수 있습니다. 세상이 요구하는 화려함 대신 우리 안에 이미 숨 쉬고 있는 인격의 향기를 따라, 조용하지만 강한 삶을 살아갈 수 있습니다. 그 삶은 누군가에게 따뜻한 봄날의 바람처럼 다가갈 것입니다.

나는 로키산의 시골 풍경에서 인격을 가늠해보는 것을 즐깁니다. 바람 소리, 짐승의 울음소리, 말똥 냄새 속에 담긴 다정함, 산골 마을의 작은 시장 골목에서 서로를 나지막이 부르는 시골 사람들의 투박하지만 친절한 목소리, 로키산을 방문하는 외지인에게 기념품을 파는 상인들의 분주한 움직임, 눈이 오기 전에 움직이려는 여행객들을 상대로 새벽에 문을 연 식당, 겨울 아침의 난로 앞에서 따뜻한 차를 건네는 시골 식당 주인아저씨의 손길, 이런 풍경과 작은 행동들이 모여 세상을 바꾸기 시작합니다.

콜로라도주 안의 로키산 14좌를 연결하는 이 시골 마을에는 외지인들이 거의 모르는 나만의 추억이 깃든 길이 있습니다. 내가 로키산의 사계절을 사진기에 담기 위해 14년을 다니며 찾은 길입니다. 그 길에는 오래된 돌담과 들꽃이 있습니다. 멀리서 보면 볼 수 없는 풍경입니다. 그 길을 오래 걸어야 비로소 보이는 것들입니다. 사진으로는 결코 담을 수 없는 매력이 그 길에 숨어 있습니다. 사람의 손길이 조금 닿은 길이긴 하지만, 자연의 고요함이 여전히 살아서 숨을 쉬고 있는 길입니다. 인격적인 삶이란 그렇게 숨은 풍경 같은 것일지도 모릅니다. 수많은 이들이 그 길을 내고 그 마을을 지나갔겠지만, 그 길과 마을이 보여주는 풍경의 매력에는 큰 훼손이 없어서, 내가 해마다 찾아가게 만듭니다. 안식하게 하고, 평안을 맛보게 하기 때문입니다. 그 풍경처럼, 우리가 남긴 행동의 흔적이 타인을 위한 쉼터가 되고, 새로운 시작을 돕는 디딤돌이 되는 것이 인격입니다.

나는 오늘도 나의 작은 말과 행동이 누군가의 마음을 움직이는 씨앗이 되기를, 그리고 그 씨앗이 세상을 더 따뜻하게 바꾸는 시작점이 되기를 기도합니다.

## 자존감으로 빚어지는 인격의 품격

인격적인 사람이란 누구일까요? 인격적인 사람은 그저 도덕적 기준을 지키는 데서 머무는 사람을 말하는 것은 아닙니다. 나는 인격적인 사람이란 삶의 매순간마다 '조용한 선택'을 통해 타인의 마음에 선한 흔적을 남기는 사람이라고 생각합니다. 그런 사람은 '잘 품는 사람'이며, 자신의 내면을 먼저 돌봅니다. 흔들리는 마음을 다듬고, 분노보다 인내를, 시기보다 경청을, 비판보다 사랑을 선택하려고 애씁니다. 사람을 품기 위해 먼저 자신의 마음을 품위 있게 가꾸는 사람인 겁니다. 이런 사람을 인격이 다듬어졌고 덕망이 있는 사람이라고 말합니다. 늘 자신을 단련하며, 누군가에게 따뜻한 격려와 희망을 전하려고 애를 씁니다. 아름다움이 부드러운 손끝에서 자라나듯, 인격은 따뜻한 마음에서 비롯됩니다.

  이 한 가지는 우리가 잊지 말아야 합니다. 인격적인 사람의 품격의 기초가 자존감이라는 사실입니다. 자신을 존중하지 않는 사람은 타인을 품을 수 없기 때문입니다. 자존감은 나무의 뿌리처럼 보이는 것이 아니지만, 사람을 지탱하는 가장 깊은 힘이 됩니다. 그래서 진정한 인격자는 세상의 시선에 쉽게 흔들리지 않습니다. 그런 사람은 언제나 푸름을 간직한 해변의 소나무처럼, 속절없이 바람이 불어와도 고요히 그 자리를 지켜냅니다.

바닷가의 소나무, 이른바 해송은 모래에 뿌리를 내렸기에 바닷바람에 쉽사리 쓰러질 것 같지만, 실제로는 한겨울의 거센 바람도 견뎌냅니다. 해송은 모래에 뿌리를 내린 것이 아니기 때문입니다. 해송의 뿌리는 모래 아래의 자갈과 흙 사이에 더 깊숙이 묻혀 있습니다. 인격적인 사람이 되기 위해서는 그런 소나무처럼 자존감이라는 깊고 강인한 뿌리를 지녀야 합니다. 우리도 그렇게 살아갈 수 있습니다. 속이 꽉 찬 사람, 사랑이 머무는 사람, 세상에 향기처럼 퍼지는 품격의 사람으로 말입니다.

자존감이란 자기 자신에 대한 건강한 사랑과 믿음입니다. 자존감이 있는 사람은 외적 평가나 공격에 신경 쓰거나 타인과 자신을 비교하지 않으며, 평가와 공격에도 긍정의 마음과 내면의 안정, 그리고 평화를 유지합니다. 자존감은 내면의 조화로부터 비롯된 외적 평화를 만들어내며, 그런 평화는 세상을 바꿀 수 있는 원동력이 됩니다. 이런 사람에게는 가식이 없고 미움도 없습니다. 자신을 있는 그대로 받아들이고, 하나님께서 만드신 자신을 사랑합니다. 그러니 남을 의식할 이유가 없습니다. 삐뚤어진 마음을 가질 이유도 없습니다. 이런 자존감은 타인을 향해 악의 없는 마음을 품는 것이 가능하며, 진정성 있는 관계를 형성하게 합니다.

## 신앙과 자존감, 그리고 인격이 어우러진 삶

고(故) 조지 버워 OM 선교회 총재는 "리더십은 발자국을 남기는 것이 아니라 자존감을 남기는 일이다"라고 말했습니다. 그의 말은 참된 그리스도인의 영향력이 어디에서 오는지를 잘 보여줍니다. 신앙이 깊을수록 겸손해지고, 성령의 인도하심을 따를수록 그 안에 숨겨진 존엄함과 인격의 빛을 그런 그리스도인에게서 발견하게 됩니다. 그러므로, 진정한 영향력은 화려한 언변의 기술에서 비롯되지 않습니다. 사람을 사랑하고, 함께 살아가려는 마음의 태도에서 시작됩니다. 자신을 존중하며, 동시에 타인도 귀하게 여기는 자존감이 있는 사람이 만들어내는 울림은 그 어떤 능력보다 여운이 오래 남습니다.

자존감은 단지 자신을 긍정하는 감정이 아닙니다. "나는 하나님의 형상대로 지음받았고, 지금도 그분의 사랑 안에 있다"라는 믿음에서 피어납니다. 이 믿음은 우리를 단단하게 붙들어주고, 상처가 스미든 날에도 사랑과 용서를 선택할 용기를 줍니다.

하나 더 덧붙이고 싶은 말이 있습니다. "자존감은 혼돈 속에서 더욱 빛납니다"라는 말입니다. 모든 것이 흐려지고 흔들릴 때, 조용히 중심을 지키며 마음에 평화를 피워내는 자존감은 하나님의 은혜가 우리 안에 살아 숨 쉬고 있다는 증거입니다. 그런 자존감은 소리 없이 강하며, 연약해 보여도 쉽사리 무너지지 않습니다.

하나님 안에서 자라난 자존감은 세상의 기준과 비교 속에서도 흔들림 없이 자신을 사랑할 수 있게 해줍니다. 인격은 바로 이런 자존감을 바탕으로 형성됩니다. 하나님 앞에 바로 서 있는 사람은 사람들 앞에서 부드럽고, 흔들림 없이 설 수 있습니다. 그의 삶은 조용한 품격을 가지며, 공동체 안에 은은한 빛처럼 스며들게 됩니다. 그러므로 신앙과 자존감과 인격은 따로 떨어진 것이 아닙니다. 이 셋은 함께 자라면서 우리 안에 하나님의 사랑을 드러내는 통로가 됩니다. 이 세 가지가 조화로운 삶은 결국 세상을 바꾸는 영향력을 가집니다.

나를 섬겨 주신 우리 교회의 장로님 중에 유난히 잊을 수 없는 장로님이 한 분 계십니다. 그 분은 일관성 있는 신앙과 자존감을 삶으로 살아내신 분입니다. 덴버의 차가운 겨울 아침, 눈이 무릎까지 쌓인 날에도 어김없이 새벽 예배에 나오셨습니다. 교회 본당의 차가운 공기는 장로님의 떨리는 기도로 데워졌고, 그의 기도는 언제나 이렇게 시작되었습니다.

"주님, 저의 부족함 속에서도 당신의 뜻을 이루소서."

장로님의 기도는 겨울보다 추운 마음에 잔잔하고 따뜻한 불빛이 되어주었습니다. 그 분은 어떤 순간에도 외모로 자신을 포장하지 않았습니다. "외모로 인정받을 이유가 없다"고 말하며, 늘 청바지에 점퍼 차림으로 교회의 주차장과 화장실을 청소했습니다. 교회를 처음 찾은 사람들은 그 분을 사찰 집사로 오해할 만큼 자신을 끝까지 낮추고 감추었습니다.

장로님은 세상적인 성공도 이루고 부유한 자산가였지만, 은퇴 후에는 전 재산을 장애인 시설과 대학교에 기증했습니다. 사모님께서 먼저 천국에 가신 뒤에는 작은 월세 아파트로 옮겼고, 마트에서 일하며 조용하고 단정한 삶을 이어갔습니다. 도움이 필요한 교인에게는 단돈 1불이라도 손에 꼭 쥐어주며 챙겼습니다. 그 분의 마음은 언제나 누군가를 향한 따뜻한 시선으로 나타났습니다.

장로님의 말수는 많지 않았지만, 그 분의 한마디 한마디는 마음을 감싸주는 담요 같았습니다. 특히 공감의 능력은 그 분의 가장 따뜻한 무기였습니다. 누군가의 고통에도 쉽게 마음을 열 수 있었고, 누군가의 기쁜 일에도 진심으로 웃을 수 있었습니다. 사람을 판단하지 않고, 있는 그대로 받아들였습니다. "하나님, 좋은 사람을 제게 보내주세요"라고 기도하셨고, 그 외에는 자신이 해야 할 일만 생각했습니다.

장로님은 겉으로는 철저한 원칙주의자처럼 보였지만, 그 분의 원칙은 사랑 없는 고집이 아니라 깊은 자존감에서 피어난 삶의 질서였습니다. 부를 누릴 때도 가난해졌을 때도, 모든 것을 내려놓은 이후에도 자신을 사랑하는 마음과 하나님께 붙들린 자존감을 잃지 않았습니다. 실패해도 부끄러워하지 않았고, 실수해도 숨기지 않았습니다. 정직하게 잘못을 고백하고, 용서를 구하고 다시 시작했습니다. 어떤 이유에도 남과 비교하며 작아지거나 연약한 모습을 보이지 않았습니다. 항상 당당한 모습을 보여주었습니다. 그래서 모두에게 든든하고 넓은 어깨가 되어주었습니다. 그 겸손함이, 그 사랑이, 그리고 그의 신앙과 자존감이 함께 어우러진 삶은 지금도 내 마음에 잊히지 않는 하나님의 손길로 남아 있습니다. 그 분의 진실한 태도와 품위는 사람들의 마음에 깊은 신뢰로 남았고, 삶 전체가 우리에게 이렇게 말해주었습니다.

"흔들리지 않는 자존감은 결국 흔들리지 않는 신앙에서 온다."

나는 새벽의 추위 속에서도 기도하시던 그 장로님의 따뜻한 모습을 떠올릴 때마다 진정한 인격자가 세상에 어떤 영향을 끼칠 수 있는지를 깨닫게 됩니다. 그 분의 자존감과 믿음의 격은 지금도 나를 변화시키고 있습니다.

사람에게 자신감이 늘 있는 건 아닐 수 있습니다. 때론 두렵고 작아질 때도 있겠지요. 하지만 자존감은 선택이 아니라 반드시 지켜야 할 마음의 중심입니다. 누구나 가져야 할 내면의 등불입니다. 자존감은 '괜찮은 나'를 만들어가는 뿌리이며, 하나님 안에서 있는 그대로의 나를 받아들이는 거룩한 용기입니다.

자존감이 있는 사람은 환경에 흔들리지 않습니다. 삶의 형편이 어떠하든, 스스로를 하나님의 사랑을 받는 자녀로 여기는 믿음 안에서 자기에게 주어진 소명을 묵묵히 감당해 나갑니다. 그의 마음은 사람들의 신뢰를 이끌어내고, 그 신뢰는 조용히 변화의 열매를 맺는 씨앗이 됩니다.

이처럼 자존감은 인격자의 중요한 덕목이며, 사람과 사람 사이의 벽을 허물어줍니다. 자존감은 단순한 마음의 기술이 아니라 진정한 사랑의 기초입니다. 우리의 연약함과 보잘것없는 모습과 행동에도 불구하고, 하나님을 신뢰하며 그분의 뜻을 나타낼 때 참된 자존감이 생겨납니다.

## 내면의 벽을 넘어 분별의 눈을 가져라

모든 사람과의 관계가 건강한 열매를 맺는 것은 아닙니다. 우리는 때로 해로운 관계와 마주하게 됩니다. 사람과의 관계는 우리의 삶을 풍요롭게 하지만, 복잡한 고뇌를 안겨주기도 합니다.

인간관계에서 가장 힘든 경우는 인격장애가 있는 사람들과의 관계입니다. 인격장애가 있는 사람들과의 관계는 불편을 넘어 종종 혼란과 고통의 소용돌이 속으로 우리를 밀어 넣습니다. 그런 사람들의 행동은 표면적으로는 평범하거나 매력적으로 보일 수도 있습니다. 그러나 내면에 감춘 복잡하고 불순한 동기는 결국 관계를 뒤틀리게 만들곤 합니다. 그런 사람들은 때로 진정성과 허위를 섞어서 행동하기에, 우리가 그 의도를 파악하는 데 시간이 오래 걸릴 수도 있습니다.

우리는 인격장애가 있는 사람과의 관계에서 깊은 상처를 얻을 수 있습니다. 누구에게나 친절해지려는 마음이 그런 사람에게는 오히려 왜곡되거나 오해되기도 합니다. 그런 사람들 때문에 사회의 동료와 심지어 교회의 성도들 사이에서도 난처해지거나 상처를 주고받는 상황을 맞이할 때도 있습니다. 그 과정에서 본의 아니게 조직과 공동체에 어려움을 끼치게 되는 일도 발생합니다. 이런 관계의 문제는 사람을 분별하지 못한 데서 비롯됩니다. 어떤 사람이 인격장애가 있는 사람인지 아닌지를 분별하기는 쉽지 않습니다.

나는 과거에 어떤 상담을 하던 중에 자신의 행동을 합리화하며 타인을 조종하려는 내담자를 만난 적이 있습니다. 타인을 조종하려는 사람은 그 자체만으로 상담하기 힘든데, 자기합리화까지 하는 사람은 상담하기 힘든 사람 중에서도 가장 힘이 듭니다.

자신의 행동을 정당화하고 타인을 조종하는 사람은 전형적인 성격장애자입니다. 상담학의 전문 용어로 'Cluster B'의 특징을 나타내는 것일 수 있습니다. 경계성 인격장애, 히스테리성 인격장애, 반사회적 인격장애, 나르시스성 인격장애가 보이는 사람들의 특징입니다. 이런 부류의 내담자는 상담자의 힘을 빼놓습니다. 나도 그런 사람을 만나는 날이면 내가 가진 힘을 전부 소모하게 됩니다. 과거에 만났던 그 내담자도 상담을 맡은 나를 결국 지치게 했습니다. 그날, 나는 관계 속에서 인격적이지 않은 사람을 분별하는 일은 선택이 아니라, 나 자신을 지키기 위한 중요한 책임이라는 사실을 깨달았습니다.

사람에게 있는 가장 높고 단단한 벽은 사람의 바깥이 아니라 안에 있습니다. 특히 인격장애를 가진 사람 안에 자리 잡은 내적 장애라는 벽은 행복의 길목을 가로막아 사람들을 불편하게 할 수 있습니다. 내가 아무리 인격적으로 성장하고 빚어져도, 상대가 계속해서 나의 경계를 무너뜨리고 마음을 훼손한다면 그 관계는 결국 나를 병들게 할 수 있습니다. 그러기에 건강한 관계를 위해서는 '나의 인격'을 빚는 것만큼이나 '타인의 인격'을 분별할 수 있는 지혜가 필요합니다. 그 지혜는 인격장애에 대한 작은 이해와 기초적인 지식에서부터 비롯됩니다. 그 지혜는 사랑의 관계를 지키며, 자신을 존중하는 용기를 주기도 합니다.

성경은 우리가 모든 사람을 사랑하되 지혜롭게 행동하라고 가르칩니다. 예수님은 모든 사람에게 열려 있으셨지만, 관계는 신중하고 전략적이었습니다. 우리는 이 균형을 배워야 합니다. 관계에서 때로는 거리를 두고, 때로는 더 가까이 다가가야 할 때를 분별할 줄 아는 지혜가 필요합니다. '조심스러운 눈치'가 자신을 지키는 방패가 되기도 하는 겁니다. 그런 점에서, 인격적인 사람이 가져야 할 자세는 이중적이어야 합니다. 단호함과 연민, 두 가지가 동시에 요구됩니다. 자기 자신에 대한 이해하고, 타인을 향해 깊은 연민을 가지는 것입니다. 그러면 사람들의 내면과 외면을 이해하고, 사랑과 분별력을 함께 품을 수 있습니다.

이런 이중성이 부정적인 것만은 아닙니다. 인격적인 사람은 자신의 경계를 지키면서도 상대를 연민으로 대할 줄 알아야 하기 때문입니다. 단호함은 경계를 세우고 해로운 영향을 차단하며, 공동체를 보호하기 위한 필수적인 도구입니다. 다만 단호함이 지나쳐 배제나 판단으로 이어지면 사람에게 상처를 남기게 되므로 주의해야 합니다. 연민은 바로 그 지점에서 균형을 잡아줍니다. 연민은 상대방의 내면적 아픔과 결핍을 이해하려는 노력으로, 사람들의 행동 이면에 숨겨진 고통을 들여다보는 마음입니다. 단호함 속에 스며든 연민, 연민 안에 녹아든 단호함. 이 두 가지가 부드럽게 어우러질 때, 리더는 혼란의 바다 위에서도 방향을 잃지 않고, 공동체를 따뜻하고 평안하게 이끌 수 있습니다.

인격적인 지도자는 단지 '관계'의 문제를 해결하는 데 머물지 않습니다. 오히려 그 관계 속에 진실과 사랑을 조용히 담아냅니다. 인격장애를 가진 이들과의 관계에서 이해하려는 마음을 잃지 않지만, 동시에 공동체의 건강을 위협하는 요소는 지혜롭게 경계합니다. 모든 관계가 늘 부드럽고 평탄할 순 없지만, 어떤 관계에서도 진실함과 따뜻함으로 성장과 변화를 일궈내는 사람. 그런 사람이야말로 인격적인 사람이라고 불릴 자격이 있습니다. 그런 사람의 인격이 누군가에게는 다시 일어설 힘이 될 것입니다.

### 불안전한 세상의 레시피로 행복 굽는 파티시에

매년 봄, 나는 콜로라도의 작은 언덕 위에 있는 IVF 대학생선교회의 리더십 종강예배에 참여합니다. 부드럽게 부는 바람을 맞으면서 산 너머의 설산을 바라볼 때면, 이 자리가 얼마나 귀하고 아름다운지 깨닫곤 합니다. 올해의 주제는 '깊은 인격의 뿌리로 리더십의 날개를 펼쳐라'(Roots of Character, Wings of Leadership)입니다. 관심있는 주제였기에 내 마음은 이미 긴장과 기대로 가득 찼습니다.

참석자들은 준비된 인격을 갖춘 크리스천 리더들이 캠퍼스 안에서 얼마나 깊고 선한 영향력을 발휘할 수 있는지에 대해 열띤 토론을 나누었습니다. 각자의 자리에서 묵묵히 준비된 인격이 얼마나 큰 울림을 주는지를 나누며, 가슴 벅찬 가능성을 함께 그렸습니다. 동시에, 선교회 공동체가 안고 있는 현실적인 과제에도 눈을 돌리지 않을 수 없었습니다. 믿음의 공동체 안에도 인격장애를 가진 사람으로 인해 관계가 무너지고, 상처받은 영혼들이 존재한다는 사실이었습니다. 신앙의 기쁨을 간직해야 할 공동체 안에서조차 때로는 인격적 미성숙이 사랑의 통로를 가로막고 깊은 상처가 남기도 한다는 고백에 모두 숙연해졌습니다. 그리스도의 이름으로 모인 자리일수록, 더 진실하고 인격적인 사랑이 절실하다는 것을 다시 한번 깨닫는 시간이었습니다.

나는 '크리스천의 행복을 굽는 리더'라는 주제로 이 개강 수련회의 강의를 준비했습니다. 다음은 그 강의 내용을 정리한 것입니다.

따뜻한 품격을 지닌 사람을 덕이 있는 사람이라고 부릅니다. 덕이 있는 사람은 마치 행복의 빵을 굽는 파티시에와 같습니다. 그들이 빵을 굽는 작업 과정은 화려하지도 복잡하지도 않습니다. 작은 재료들을 섬세하게 섞으며, 약함 속에서 아름다움을 빚어냅니다.
사람들 사이에서 행복을 구워내는 사람은 단순한 관계의 기술을 가진 것이 아닙니다. 인격적인 사람도 그렇습니다. 상대방의 말 속에 담긴 약한 감정과 망설임을 듣습니다. 자신이 그와 함께 있다는 사실을 인지하며 관계를 빚어냅니다. 이런 걸 관계의 진정성이라고 말합니다. 따라서 우리는 실력 좋은 제빵사처럼, 행복을 빚기 위해 반죽을 잘하고, 신선한 레시피를 선별하여 잘 관리하고, 시간을 잘 맞추고, 적당한 불을 사용할 줄 아는 안목과 연습이 꾸준히 필요합니다.

진정성은 나와 타인 사이에서 다리가 됩니다. 진정성 있게 빚어낸 관계는 상대의 마음을 열고, 상대가 나를 신뢰하도록 합니다. 그러면 사람들 사이의 관계에 아주 작은 변화가 시작됩니다. 진정성은 자신과 공동체를 살리는 따뜻한 원천이 됩니다. 진정성이 있는 사람은 타인을 분별할 온전한 지혜를 가지게 됩니다. 그러므로 인격적인 사람이 되려면 자신의 내면을 돌아보며 진정성을 키워야 합니다.

제빵사가 빵을 빚다가 실패도 하는 것처럼, 우리도 사람과의 관계에서 행복을 빚으려다 기대하지 못한 상황 때문에 실패할 것입니다. 하지만 인격적인 사람은 실패 속에서도 희망을 잃지 않습니다. 약함 속에서도 사랑을 베풀 줄 아는 덕망이 있는 사람이기 때문입니다.

세상은 참으로 복잡하고 모순으로 가득합니다. 때로는 상처를 입어 깨진 조각들이 우리 삶으로 흘러들어옵니다. 그럴 때 나는 이렇게 묻곤 합니다. "이런 불완전함 속에서 내가 무엇을 만들어낼 수 있을까?" 그 물음에 대한 답으로, 한 줄기 빛처럼 떠오르는 깨달음이 있습니다. 우리에게 맡겨진 사명은 깨진 조각들을 빵의 재료처럼 모아, 맑고 순수한 마음으로 빚어 새로운 빵을 구워내는 것이라는 깨달음입니다. 그것은 단지 맛있는 빵을 만드는 기술이 아닙니다. 하나님께서 우리에게 명하신 삶의 방식이고, 그 명령에 대한 우리의 응답입니다.

우리의 삶이 진정한 사랑과 기쁨을 담아내려면, 제빵사처럼 삶이라는 빵을 만드는 재료들을 끊임없이 돌아보아야 합니다. 자신의 마음과 태도, 행동의 근원이 어디서 오는지를 날마다 성찰해야 합니다. 사랑과 은혜에서 비롯된 재료는 우리 모두를 살리지만, 거짓된 판단과 위선은 금세 썩어버리고 말 것입니다.

문득 주님의 말씀이 떠오릅니다. "내 양을 늑대들 사이로 보내노라. 너희는 뱀처럼 지혜롭고 비둘기처럼 순결하라." 세상의 혼란 속에서 우리는 지혜와 분별력을 잃지 않아야 합니다. 그런데 혹시라도 당신이 거짓으로 가득찬 리더라면, 거짓과 위선으로 잘못 빚어낸 당신의 삶은 세상을 미움과 오해와 불신과 불만으로 채워 썩게 할 것입니다.

당신이 행복의 빵을 구워내는 제빵사가 되려면 자신의 내면을 끊임없이 살피는 일이 필요합니다. 자기가 선택한 재료가 사랑과 은혜인지, 정죄와 단절인지, 비판과 냉혹함인지, 무관심과 거절인지, 분노와 배척인지, 위선과 냉대인지 돌아보아야 합니다. 분노와 위선과 정죄와 비판으로 구운 빵은 오래가지 못하지만, 사랑과 은혜로 빚은 삶은 모두를 살리는 힘을 가집니다.

우리 주변에는 다양한 인격과 성향을 지닌 사람들이 있습니다. 그들 중에는 권위를 남용하며 상처를 주는 이도 있고, 은혜 속에서 변화될 가능성을 품은 이도 있습니다. 상처를 받아 자신도 모르게 고립과 아픔 속에서 방황하는 이들도 있지요. 이들과 함께 살아간다는 것은 쉽지 않습니다. 그러나 그곳에는 언제나 당신이 서야 할 자리가 있습니다. 그런 자리에서 반사적으로 반응해선 안 됩니다. 그들 또한 하나님의 은혜 아래에 있기 때문입니다. 그들에게 희망을 전하는 것은 우리의 태도에 달려 있습니다. 우리가 비록 연약하여 고통 중에 있더라도, 우리는 사랑으로 답하려고 노력해야 합니다. 판단은 벽을 쌓지만, 연민은 다리를 놓습니다.

진정한 사랑은 완벽한 삶에서 나오는 것이 아닙니다. 삶은 언제나 불완전함 속에서 이루어집니다. 불완전한 삶 속에서도 함께 나아가려는 태도에서 사랑의 힘이 생겨납니다.

어느 추운 겨울, 예배당에서 일어난 일이 떠오릅니다. 경계성 인격장애가 있는 한 청년이 예배 도중에 들어왔습니다. 예배 공간은 금세 긴장으로 얼어붙었습니다. 그의 불안정한 모습에 모두 당황했는데, 어느 장로님이 조용히 일어나 그의 곁에 가서 앉았습니다. 그리고 예배 도중에도 중얼거리는 청년의 이야기를 들어주었습니다. 그 장로님은 회중의 불편한 침묵 속에서도 사랑과 이해를 선택한 것입니다. 그 순간, 예배는 은혜가 실현되는 순간이 되었습니다. 그 장면은 내게 연민이 무엇인지를 새롭게 일깨워 주었습니다.

우리 삶이 어둠 속에 있어도, 은혜는 언제나 우리 곁에 머물고 있습니다. 은혜는 실패를 치유하고 두려움을 소망으로 바꾸며, 고통을 다른 이야기로 엮어내는 놀라운 힘을 가지고 있습니다. 그래서 오늘도 나는 은혜의 레시피를 떠올립니다. 은혜가 사랑과 연민과 용기를 담아내는 레시피이기 때문입니다. 사랑과 연민과 용기로, 세상을 조금 더 따뜻하고 아름다운 곳으로 만드는 것은 우리에게 주어진 사명입니다. 그 사명의 길이 쉬운 여정은 아니겠지만, 그 길의 끝에서 우리는 충만한 기쁨과 평화를 주님 안에서 발견할 것입니다.

삶의 제빵사가 되어 세상에 구수한 냄새, 따뜻한 행복의 삶을 구워내는 일은 단순히 개인의 만족을 넘어 세상에 더 큰 사랑과 은혜를 나누는 과정입니다. 우리가 만든 다양한 재료들이 모여 세상을 변화시킬 힘이 될 것입니다. 그리고 그 과정에서, 나 자신 역시 주님의 손길로 새로 빚어질 것임을 믿습니다.

우리의 내면에는 때로 죄책감과 독선, 그리고 '가치없다'라는 생각이 자리 잡아 우리를 무겁게 짓누릅니다. 그러나 중요한 것은 '우리가 어디에 있는가?'가 아니라, '어디로 나아가려 하는가?'입니다.

하나님은 우리를 비난하거나 정죄하려고 기다리는 분이 아니십니다. 우리의 나약함에도 불구하고 은혜를 베푸시며, 우리가 자신을 돌아보고 새롭게 시작할 기회를 주십니다. 그 은혜 안에서 우리는 언제든 다시 일어설 수 있는 용기를 얻습니다.

하나님의 은혜는 언제나 우리 삶의 중심에서 조용히 숨 쉬고 있습니다. 그 은혜를 마음 깊이 받아들인 사람은 자신의 삶을 절제할 줄 알고, 그 삶을 조용히 아낄 줄 아는 지혜를 지닙니다. 우리에게 넘칠 만큼 풍성한 은혜가 주어진다 해도, 우리가 절제하지 못하면 관계 속에 어느새 갈등이 생기고, 마음에는 소란이 깃들게 됩니다. 그러나 은혜를 조심스럽게 가슴에 품고, 겸손함으로 간직하며, 절제된 손길로 나누는 사람은 결국 은혜가 다시 흘러 들어오는 신비로운 축복을 누리게 됩니다.

은혜는 단지 나를 위한 선물이 아니라 내 삶을 통해 흘러가도록 하나님께서 맡기신 사랑의 물결입니다. 그 은혜가 온전히 당신의 삶에 스며들고, 따뜻하게 흘러가도록 절제하는 삶이 몸에 배어야 합니다.

절제의 삶은 말로 가르친다고 되는 것이 아닙니다. 서로의 행동을 통해서 보고, 서로에게서 배우는 삶의 훈련이며 과정입니다. 서로를 위한 기도와 평온함, 인내와 절제, 겸손과 책임, 그리고 격려와 사랑이 우리가 매일 굽는 행복이라는 이름의 빵을 만드는 재료들입니다. 이 재료들이 함께 잘 어우러질 때, 행복의 빵은 부드럽고 따뜻한 온기를 품고서 우리 삶에 소화되고, 영양가 있는 사랑과 진정성을 더합니다.

행복의 빵을 만드는 과정은 매일의 선택과 절제와 관련되어 있습니다. 사랑할 것인가, 판단할 것인가? 격려할 것인가, 침묵할 것인가? 그래서 행복의 빵을 굽는 과정은 우리의 인격을 빚어가는 여정과 같습니다. 반죽을 조심스럽게 다루고, 충분히 숙성하도록 기다리며, 뜨거운 불 속에서 단단해지는 시간이 필요합니다. 그 과정에서 우리는 인내와 절제를 배웁니다. 절제는 우리의 마음을 다듬고, 겸손은 우리를 낮추며, 인내는 깊이를 더합니다. 이렇게 빚어진 삶은 단순히 자신만을 위한 것이 아닙니다. 다른 이들의 영혼과 삶을 채우는 사랑의 나눔이 됩니다.

우리의 내면이 은혜와 사랑으로 가득할 때, 행동은 자연스레 진정성을 품게 되고, 그 진정성은 절제와 겸손함으로 다른 이들에게 깊은 위로와 신뢰를 전합니다. 우리가 하나님께 내어드린 마음으로 빚어진 빵은 우리의 손을 통해 세상으로 흘러가며, 하나님의 사랑은 우리를 하나로 연결하는 힘이 됩니다.

절제의 삶은 늘 쉬운 길만 제시하지 않습니다. 그러나 매일의 절제와 선택에서, 그리고 은혜를 간직하며 나아가는 과정에서 우리는 성숙해집니다. 우리의 내면이 변화하고, 우리의 삶이 그 변화를 증거로 보여줄 때, 하나님의 은혜는 우리의 작은 행동과 선택을 통해 세상으로 퍼져나갑니다. 삶은 그렇게 빚어집니다. 더 따뜻하고 진실된 삶의 빵을 굽는 것, 그것이 우리가 부름을 받은 이유이며, 이 땅에서 우리가 완성해 가야 할 사명입니다.

## 판단을 내려놓고 연민을 품는다

우리는 잘 빚어진 인격을 기반으로 함께 걷고 넘어지기도 하며 다시 일어서는 긴 여정 속에서, 구체적인 행동과 선택으로 인격을 드러내는 삶의 방식을 가져야 합니다. 이 여정은 외부와의 갈등이 아니라 내면의 어둠을 직면하면서 시작됩니다. 갈등을 초래하는 내면의 판단과 교만, 인정받고자 하는 욕망은 마치 겨울 새벽의 싸늘한 바람처럼 우리의 마음을 흔듭니다. 그러나 그 추위를 견디고 통과할 때, 비로소 인격이라는 따뜻한 불씨가 내면에서 타오르기 시작합니다. 이 불씨는 판단과 분열을 넘어, 연민과 용서로 향하는 길을 환히 비춥니다.

성경 속의 바리새인들은 내면의 판단과 교만과 관련한 문제에서 우리에게 중요한 교훈을 줍니다. 그들의 겉모습은 율법의 수호자라는 명목에서 흠이 없었지만, 내면은 판단과 교만으로 가득했습니다. 자신의 유익을 위해 백성을 이간질하고, 율법을 갈등과 분열의 수단으로 이용했습니다. 그들에게 연민은 없었습니다.

예수님께서는 바리새인들에게 "남을 판단하지 말라"고 하셨습니다. 이 말씀은 단순히 비난을 금지하라는 것이 아니라, 판단이 우리의 마음을 얼마나 병들게 하고 갈등을 심화시키는지를 깨닫게 합니다. 판단은 타인을 낮추고 자신의 불안을 감추려는 덫일 뿐입니다. 그 덫은 우리를 고립시키고, 타인의 아픔과 고통에 눈을 감게 만듭니다.

판단은 차갑고 날카롭지만, 연민은 따뜻하고 부드럽습니다. 연민은 우리 자신을 변화시키며, 세상에 온화한 빛을 비추는 진정한 인격의 원천입니다. 인격자는 판단의 덫에서 벗어나 연민의 길을 걷습니다. 이 연민은 단순한 동정이 아니라 타인의 고통에 기꺼이 들어가 함께 걷는 것이며, 그들의 가능성을 발견하고 빛나도록 돕는 섬김의 실천입니다. 긍휼의 마음과 연민은 판단 대신 용서를, 분열 대신 포용을 선택합니다. 긍휼과 연민은 우리의 마음을 부드럽고 따뜻하게 만듭니다.

사실 판단의 문제는 '정의가 무엇인가'라는 문제와 관련됩니다. 하지만 정의는 갈등을 만들어내는 도구가 아닙니다. 정의는 단지 옳고 그름을 나누는 기준이 아닙니다. 타인의 아픔과 갈등을 해결하는 포용적인 선택을 포함합니다. 갈등 속에서도 화해를 이루고, 분열 대신 연합을 만들어내는 기준입니다. 그래서 정의가 연민과 만날 때, 정의는 타인을 세우고 격려하며 새로운 가능성을 열어가는 도구가 됩니다. 그러나 바리새인들은 달랐습니다. 판단은 있었으나 연민은 없었습니다.

우리는 세상을 변화시키는 힘을 가지기 위해, 판단보다 연민과 사랑에 더 의지해야 합니다. 우리의 내면이 은혜와 사랑으로 가득할 때, 우리는 그 힘을 비로소 세상에 흘려보낼 수 있습니다. 그래서 오늘도 나는 기도합니다. "주님, 제가 굽는 작은 행복의 빵이 이 세상을 조금 더 따뜻하게 만드는 도구가 되게 하소서." 이 기도로 나는 오늘도 내일도 사랑과 연민의 길을 걸어갈 것입니다. 비록 내가 만들어낼 빵이 완벽하지 않을지라도, 그 안에 담긴 사랑은 결코 맛이 없지는 않을 것입니다.

## 가면 속의 진실

우리는 모두 각자의 얼굴 위에 가면을 쓰고서 살아갑니다. 그 가면은 우리를 세상의 시선으로부터 지켜주는 방패일 수 있지만, 때로는 우리의 진실을 감추는 도구가 됩니다. 가면 뒤에는 우리가 감추고 싶었던 연약함과 두려움, 때로는 인정받고 싶은 욕망이 숨겨져 있습니다. 바리새인의 이야기는 이러한 가면의 특징을 단적으로 보여줍니다. 바리새인은 자기의 연약함을 드러내는 대신, 화려한 신앙의 가면을 쓰고서 자신의 경건성을 사람들에게 과시했습니다. 하지만 그 속은 공허했고, 그 삶은 결국 더 깊은 고독 속으로 가라앉았습니다.

나는 오늘날 우리 모두의 얼굴에서 문득 바리새인의 그림자를 봅니다. 우리는 교회에서, 가정에서, 일터에서 각자의 가면을 쓰고서 살아갑니다. 새벽기도를 한 번도 빠지지 않는 신자에게서조차, 선교지에서 열정을 불태우는 선교사에게서조차, 성가대에서 찬양의 목소리를 드높이는 성가대원에게서조차, 그 내면을 들여다보면 불안과 두려움으로 가득 차 있을 수 있습니다. 그들의 열심과 헌신 뒤에는 누군가로부터 인정받고자 하는 갈망이나 자신의 연약함을 감추려는 노력이 숨어 있을지도 모릅니다. 나도 가끔 그런 이들의 모습에서 나 자신을 발견합니다.

가면을 벗는다는 것이 얼마나 두렵고, 또한 얼마나 용기가 필요한 일인지 나도 잘 알고 있습니다. 하지만 가면 뒤에서 살아가는 삶은 결코 진정한 평화를 가져다주지 않습니다. 마치 썩은 재료로 구운 빵이 처음에는 그럴듯해 보일지 몰라도 일단 먹으면 결국 우리 몸에 해를 끼치는 것처럼, 가식적인 삶은 자신과 공동체에 언젠가 상처를 남깁니다.

나는 신앙이란 바리새인들처럼 다른 이들에게 자기의 종교적인 모습을 보여주는 것이 아니라, 자기의 가장 연약한 부분을 하나님과 사람들 앞에 드러내더라도 사랑받고 있음을 믿는 것이라고 배웠습니다. 진정한 신앙은 자기의 연약함을 인정하는 데서 시작됩니다. 우리는 연약해도, 언제나 하나님의 은혜와 사랑 속에 있습니다.

인격적인 사람이란 자신의 부족함을 솔직히 인정하고, 타인의 연약함을 품어줄 줄 아는 사람이라고 앞에서 말했습니다. 그런 사람은 가면을 벗습니다. 자신의 진실과 마주하는 용기를 통해, 주변을 더 따뜻하고 안전한 곳으로 이끌어갑니다. 당신이 진정한 그리스도인이라면 그런 인격자가 되고, 그런 리더가 되고 싶은 꿈을 꾸고 있으리라고 믿습니다.

삶의 진실은 때로 아프고 불편하지만, 그 길을 가는 동안, 그리고 그 길의 끝에서도, 우리는 서로를 깊이 이해하며 진정한 사랑을 나눌 수 있습니다. 그 사랑은 우리의 상처를 치유하고, 우리를 더 온전한 사람으로 만들어줄 것입니다. 그러므로 가면을 내려놓고 진실하게 살아가는 것이 우리를 더 나은 하나님의 사람으로, 더 사랑스러운 하나님의 자녀로, 한 걸음 더 온전해지는 사람으로 만들어주는 첫걸음일 것입니다. 그 길이 쉽지 않다는 걸 물론

알지만, 나는 오늘도 그 길을 향해 한 걸음씩 나아갑니다. 언젠가 내가 건넨 사랑이, 내가 빚은 진실한 빵 한 조각이 누군가의 삶을 따뜻하게 채워주기를 바라며….

### 자신에게 갇힌 사람들

가면을 열등감을 감추기 위해 쓰는 것이기도 합니다. 열등감은 마치 보이지 않는 족쇄처럼 사람의 발목을 붙잡습니다. 누구나 한 번쯤은 그 무게를 느껴보았을 것입니다. 그 족쇄를 감추기 위해 때로는 스스로 눈부신 가면을 쓰는 이들도 있습니다.

바리새인의 기도가 떠오릅니다. "나는 일주일에 두 번 금식한다." 그의 기도에는 자신의 신앙적 열심을 자랑하는 마음이 담겨 있지만, 그 속을 들여다보면 두려움과 결핍이 자리 잡고 있음을 알 수 있습니다. 그의 열심이 사랑에서 비롯된 것이 아니라, 자신의 불안을 감추기 위한 방어막처럼 보입니다. 현대의 자기애성 나르시시즘도 이와 닮았습니다.

자기애성 인격장애가 있는 사람들은 겉으로는 자신만만하고 당당해 보이지만, 내면에는 극심한 결핍과 사랑받지 못할 것에 대한 두려움이 있습니다. 자기의 가치를 과장하거나 타인을 깎아내림으로써 잠시나마 불안을 덮으려 합니다. 하지만 그런 행동은 자신을 더 깊은 고립으로 몰아넣고, 관계의 불균형을 초래합니다. 자기애성 장애가 있는 사람은 종종 타인의 에너지를 빨아들이고, 자신의 욕망을 충족시키기 위해 관계를 조작합니다. 타인을 조종하고, 자기 잘못으로 치부하게 만드는 가스라이팅으로 궁지에 몰아넣는 일에 능합니다. 이런 상황에서 우리는 단순히 그들의 행동에 반응하는 것을 넘어, 그 내면의 불안을 읽고서 올바르게 대응해야 합니다. 특히 리더는 이런 사람을 분별할 줄 알아야 합니다. 자기애성 나르시시즘은 겉으로 드러나는 매력과 자신감으로 공동체를 현혹하기 쉽지만, 결국 관계를 불안정하게 만들기 때문입니다.

나는 언젠가 자기애성 인격장애가 있는 사람과의 관계에서 배운 교훈을 잊지 못합니다. 그는 항상 자신이 옳다고 주장하며, 교회에 처음 온 성도와 관계를 맺어서는 그를 통제하려 했습니다. 처음에는 그의 자신감이 공동체에 활기를 불어넣는 것처럼 보였지만, 시간이 지날수록 관계에서 균열의 문제를 보이기 시작했습니다. 그때 한 장로님이 내게 조용히 말했습니다. "그를 대할 때는 그의 행동이 아니라, 그가 두려워하는 것을 보십시오." 나는 그 말에 마음이 뜨끔했습니다. 그의 행동 뒤에 숨겨진 두려움을 읽으려고 노력했을 때, 그를 향한 긍휼한 마음이 들었습니다. 너무나 불쌍해 보였습니다. 연민이 생겨났습니다. 하지만 그 연민이 그를 조건 없이 받아들였다는 뜻은 아니었습니다. 올바른 경계를 세우는 방식으로 표현되었다는 뜻입니다.

교회에서 문제를 일으킨 그 사람은 자기애성 나르시시즘과 같은 복잡한 성향을 지니고 있었습니다. 심지어 기독교 대학이라는 곳에도 이런 사람이 있습니다. 그래서 수많은 이들이 피해를 봅니다. 그럼에도 불구하고, 우리는 그런 사람을 대할 때 단순히 정죄하거나 배척하기만 해서는 안 됩니다. 그의 내면을 이해하려고 노력하며 연민의 마음으로 대하는 동시에, 공동체의 건강과 조화를 지키기 위해 단호함을 잃지 말아야 합니다.

연민과 단호함이 균형을 이룬 리더는 공동체를 더 깊고 풍요로운 관계로 이끌어줍니다. 이것은 단순히 사람들을 이끄는 기술이 아닙니다. 하나님의 사랑으로 세상을 바라보는 마음에서 비롯됩니다. 우리가 그런 지도자가 되어, 우리의 공동체가 조금 더 따뜻하고 희망이 넘치는 곳이 되길 소망합니다. 그래서 오늘도 나는 기도합니다. "주님, 저의 약함 속에서 당신의 사랑을 배우게 하소서. 제가 만나는 사람들에게 당신의 은혜와 진리를 드러내게 하소서." 이 기도는 내 안의 불안을 잠재우고, 내가 다시 사랑과 연민으로 세상과 마주할 용기를 줍니다.

### 외적 열심 속의 공허함

우리는 종종 교회나 조직에서 외적인 헌신의 열심으로 자신의 가치를 증명하려 합니다. 하지만 외적인 헌신이 진정성을 잃으면 고독과 공허로 이어질 뿐입니다. 바리새인의 이야기는 이런 점에서 교훈을 줍니다.

바리새인은 율법의 기준을 넘어서는 헌신을 보이며, 철저한 십

일조와 엄격한 율법 준수로 자신의 신앙적 열정을 드러냈습니다. 그러나 그의 열심은 타인을 향한 사랑에서 비롯된 것이 아니었습니다. 그의 행동은 사람들 앞에서 자신을 더 높이기 위한 도구였고, 그가 높이 쌓은 벽은 결국 자신을 고립시켰습니다. 겉으로는 충만해 보였지만, 마음 한편에는 깊은 공허가 자리 잡고 있었습니다.

인격으로 빚어진 사람은 사람들과 연결되어 서로의 삶을 통해 함께 성장하는 길을 선택합니다. 관계 속에서 나누는 사랑과 연민이 자신을 충만한 존재로 만든다는 걸 알기 때문입니다. 이렇게 하면 외적인 열심을 내면의 기쁨으로 연결하는 통로를 찾을 수 있다는 것도 압니다. 그러나 바리새인은 자신의 신앙적 헌신을 과시하며 자신을 고립시켰습니다.

인격적인 사람은 외적인 열심만으로 공허한 마음을 채우려 하지 않습니다. 공허를 채우기 위해 내면의 목소리에 귀를 기울입니다. 스스로에게 이렇게 묻습니다. "나는 왜 이렇게 열심히 달리고 있는가?" 그 열정이 하나님을 향한 사랑에서 비롯되었는지, 아니면 인정받고자 하는 욕구에서 비롯되었는지를 스스로 돌아봅니다. 이것이 공허한 마음을 채우는 첫걸음이라는 걸 압니다. 인격적인 사람은 관계를 통해야 고립에서 살아나고, 관계 또한 사랑의 동기에서 출발해야 지속할 수 있다는 걸 또한 압니다. 온전한 관계는 고립된 마음을 열어주기 때문입니다.

사랑에서 비롯된 열심은 성과를 넘어 사람들의 마음을 움직이고 변화를 이끌어냅니다. 사랑에서 시작되는 열심이어야 진정한 빛을 발합니다. 그런 열심을 행동으로 옮길 때, 공동체에 생명력을 불어넣게 됩니다. 그런 열심이 타인을 위한 헌신인 동시에 자신을 치유하는 힘이 됩니다.

교회에 누구보다 열심이고 열정적이던 청년 리더가 있었습니다. 모든 프로그램을 책임지며 공동체를 위해 헌신했습니다. 그러나 그는 점점 공허함을 느끼기 시작했습니다. 그의 열심이 타인을 섬기려는 것이기보다 인정받고자 하는 욕구에서 비롯되었다는 것을 깨달았을 때, 그는 하던 일을 멈추고서 자신을 말씀으로 성찰했습니다. 숨을 고르면서, 하나님을 향한 사랑과 사람들과의 진정한 관계 속에서 자신의 열심을 다시 찾았습니다. 그렇게 해서 내면의 충만함을 회복할 수 있었습니다. 이처럼 인격의 연습이 잘된 사람은 자신의 외적인 열심과 헌신 자체보다 먼저 자신을 돌아보며 헌신의 목적을 다시 생각하고, 겸손히 타인을 위해 살아가려고 합니다. 이런 점에서 바리새인의 이야기는 우리에게 이렇게 말합니다. "외적인 헌신은 마음에서 출발할 때 진정한 가치가 있다." 인격적으로 성장하는 사람은 내면의 충만함과 관계의 깊이 속에서 더욱 빛이 날 것입니다.

## 가시 속의 꽃을 기대하는 마음

사람들과 함께 살아간다는 것은 한겨울 들판에 핀 장미를 가만히 바라보며 그 곁을 지나가는 일과 같습니다. 장미는 혹독한 바람에도 꿋꿋하게 서 있지만, 그것에는 언제나 뾰족한 가시가 함께합니다. 우리 주변의 사람들 역시 그렇습니다. 어떤 이들은 따뜻한 햇살처럼 우리를 성장하게 하지만, 어떤 이들은 가시처럼 날카로운 말과 행동으로 상처를 주기도 합니다.

우리 교회에 언제나 뜨거운 열정을 지닌 성도가 있었습니다. 하지만 그의 열정이 종종 다른 이들에게 상처를 입히기도 했습니다. 자신의 의견이 받아들여지지 않으면 가만히 돌아서지 못하고, 사람들 사이를 오가며 불만을 흘렸습니다. 그의 말은 처음엔 설득력이 있었고, 한동안 많은 이들이 그의 말에 귀를 기울였습니다. 하지만 시간이 지나면서 그 열정 속에 감춰진 조종의 그림자가 보이기 시작했습니다. 공동체는 조금씩 무거워졌고, 상처 입은 이들은 점점 그를 피하게 되었습니다. 그런데, 무거워진 교회 공동체의 분위기를 가볍게 만든 이가 있었습니다. 어떤 집사님이었는데, 그 집사님은 그 열정 많은 성도를 외면하거나 비난하지 않았습니다. 대신 어느 날 조용히 그의 곁에 다가가, 이렇게 말했습니다.

"당신의 열정이 얼마나 귀한지 저도 압니다. 그 열정이 우리 모두와 함께할 때 더욱 아름답게 빛날 수 있기를 바랍니다. 하지만 지금의 방식은 우리 모두를 힘들게 만들고 있어요."

집사님의 말은 단호했지만, 따뜻한 체온이 느껴지는 것이었습니다. 아닌 것은 '아니다'라고 분명히 선을 그었지만, 그 선 너머에 여전히 연민이 있었습니다. 관계를 끊기 위해서가 아니라, 서로가 더 건강하게 만날 수 있는 길을 남겨두기 위한 말이었습니다. 집사님의 그런 태도는 문제를 외면하지 않으면서도 사람을 정죄하지 않는 사랑의 본보기였습니다. 무너진 다리를 다시 놓기 위한, 조용하지만 단단한 걸음이었습니다. 사실 그 집사님의 진심은 말보다 태도에서 더 강하게 전해졌습니다. 그의 조용한 따뜻함이 결국 공동체를 다시 숨 쉬게 했습니다.

열정 많은 성도는 자신을 품은 집사님의 도움 덕분에 자신이 공동체에 상처를 주었음을 깨달았고, 스스로 변화하기 시작했습니다. 그 변화는 잘 준비된 인격으로 빚어진 어느 집사님의 긍휼한 마음과 인내와 지혜로운 처신 덕분이었습니다. 상처를 주고 받은 사람들을 방치하지 않으면서도 공동체의 건강을 지키며, 그 성도와 관계를 이어갔기 때문에 가능했던 일이었습니다. 그 집사님의 인격은 경계와 연민의 조화를 이루는 예술과 같았습니다.

덕망이 있는 사람이란 사람들 사이에서 그 집사님 같은 역할을 맡는 사람입니다. 그런 사람이 리더입니다. 가시를 발견했을 때 무조건 잘라내지 않습니다. 가시가 줄 수 있는 위험을 예방하면서도, 가시 사이로 피어날 꽃의 가능성을 소중히 여길 줄 압니다. 그런 점에서, 리더는 단순히 공동체를 이끄는 사람이 아닙니다. 가시 속의 꽃봉오리를 보며, 꽃이 피어날 가능성을 지켜주는 사람입니다. 어떤 사람이 때로는 가시만 들이대고 꽃은 피우지 못할 때도 있습니다. 그럴 때는 사랑의 마음으로 단호해야 합니다.

다만 그때의 판단과 행동이 또 다른 상처를 주기보다, 더 나은 길을 찾을 수 있도록 도와주는 연민의 표현이어야 합니다. 우리는 이런 리더를 사모합니다. 잘 빚어진 인격이 부서지고 공허한 삶을 채울 수 있습니다.

가시 가운데 피어날 꽃을 기다리는 마음으로, 오늘도 우리는 관계의 숲을 걸어갑니다. 겨울 들판에서 봄을 기다리듯, 고요한 인내와 따뜻한 사랑으로 사람들을 품습니다. 그 속에서 우리는 모두 조금씩 더 나은 사람으로 성장해나갑니다.

### 인격장애자와 함께 걷는 인격자

우리 집에서 함께 공동체 생활을 했던 어느 청년이 문득 떠오릅니다. 처음 그를 만났을 때, 따뜻한 미소와 진심이 담긴 말이 내 마음을 움직였습니다. 그러나 그는 시간이 지날수록 나의 사소한 거절에도 예민하게 반응했고, 이유 없는 거리감으로 나를 밀어내곤 했습니다. 그와의 관계는 나를 지치게 했고, 나 스스로를 의심하게 만들었습니다. '내가 정말 누군가를 돌볼 자격이 있는 사람일까?'라는 생각이 마음을 스치곤 했습니다. 그때 알게 되었습니다. 관계 속에서 건강한 경계와 균형을 잃는 순간, 나 자신을 잃어버릴 수도 있다는 사실을.

인격장애를 지닌 이들과의 관계는 쉽지 않습니다. 때론 감정이 과하게 요동치고, 공감이 닿지 않으며, 모든 중심이 '그 자신'으로 향하는 것처럼 느껴집니다. 하지만 그런 이의 반응 뒤편에는 그가 말하지 못한 오랜 아픔과 결핍이 숨어 있습니다. 어쩌면 어린 시절부터 품고서 살아온 상처를 무의식 가운데 투사하며 살아가는 것인지도 모릅니다. 우리 주변에는 이런 상처를 품고 살아가는 사람들이 있습니다. 그들과 관계를 맺으려면 자기 자신을 잃지 않으면서도, 그들의 고통을 너무 쉽게 단정 짓지 말아야 합니다. 단단한 경계와 따뜻한 연민 사이에서 균형을 찾는 일이 성숙한 관계의 시작이 됩니다.

우리는 모두 결핍을 안고서 살아갑니다. 하지만 결핍이 우리를 연결하는 다리가 될 수 있습니다. 인격장애가 있는 사람들과의 관계가 고통스러울 수는 있지만, 우리는 그런 사람들과의 관계에서 더 나은 사람으로 성장할 수 있는 가능성을 발견합니다. 우리가 그들의 삶에 작은 희망의 빛이 될 수 있고, 그들의 여정에 함께 서줄 수도 있습니다.

어린 소녀가 있었습니다. 항상 완벽해야 한다는 부담감 가운데에서 자랐습니다. 작은 실수에도 부모의 비난이 이어졌고, 결국 그녀는 자신의 감정을 억누르고 다른 이들을 조종하며 살아가는 법을 배우게 되었습니다. 그녀가 성인이 되었을 때, 그 상처는 관계 속에서 반복되었습니다. 그러던 어느 날, 그녀 곁에 머무르며 그녀의 이야기를 듣고, 그녀의 아픔을 덜어준 친구가 한 명 있었습니다. 그녀는 그와의 관계를 통해 자신의 상처를 마주할 용기를 얻었고, 조금씩 변화의 길을 걸어갔습니다. 우리는 그녀의 친구처럼 가시를 두려워하지 않고, 가시 속에서 빛을 발견하는 사람이어야 합니다.

관계는 우리를 성장으로 이끄는 여정입니다. 이해와 긍휼과 사랑 속에서, 우리는 더 나은 리더로 거듭날 수 있습니다. 가시 속에서도 꽃을 피우는 '정원사가 되는 꿈'을 잃지 않는 것, 그런 정원사가 되는 것이야말로 리더의 가장 중요한 역할일 것입니다. 이 꿈을 우리가 함께 나누는 이 길의 끝에, 조금 더 따뜻하고 아름다운 세상이 우리를 기다리고 있을 것입니다.

에필로그

# 시간 속에서 빚어진 나,
# 세상을 채우는 중심이 되다

　우리는 살아가면서 자신의 부족함과 실패를 마주합니다. 그러나 우리는 하나님 안에서 이미 사랑받는 존재라는 걸 기억해야 합니다. 우리는 하나님의 은혜 안에서 충분히 귀하고 소중한 사람입니다. 우리의 가치는 성취나 완벽함에 있지 않습니다.

　어느 날, 로키산 자락의 작은 카페에서 필립 얀시와 나눈 대화가 떠오릅니다. 우리는 하나님께서 일하시는 방식이 얼마나 느릴 수 있는지를 이야기했습니다. 예수님의 삶도 빠르거나 효율적이지 않았습니다. 오히려 이상하고 어색해 보이는 순간으로 가득한 복음서의 여정은 하나님의 나라가 세상과 얼마나 다른지를 보여줍니다.

진정한 변화는 언제나 시간이 필요합니다. 깊이 뿌리 내린 나무가 천천히 자라듯, 우리 또한 천천히 성장합니다. "왜 아직도 변화하지 않을까?"라는 질문이 들 때, 우리에게 필요한 것은 재촉이 아니라 인내입니다. 변화는 큰 결단이 아니라, 작고 사소한 선택의 반복 속에서 이루어지기 때문입니다.

삶은 완벽함을 요구하지 않습니다. 실수하고 넘어지는 과정조차 우리를 단련시키는 연습입니다. 우리가 연습하고, 배우고, 다시 일어서는 그 과정에서 인격이 다듬어지고 신앙은 깊어집니다.

세상을 바꾸는 리더십은 성과나 완벽함에서 오지 않습니다. 그것은 오히려 연습과 인내, 사랑이라는 꾸준한 삶의 태도에서 시작됩니다. 하나님의 손과 발로서 이 땅에 보냄받은 우리가 준비된 인격으로 빚어지고 일상에서 작은 섬김과 사랑을 실천할 때 세상을 변화시킬 수 있습니다. 우리의 작은 발걸음이 세상을 변화시킬 것입니다. 이 책이 그런 여정을 당신과 함께 걸어갈 작은 길잡이이기를 바랍니다. 지금 당신이 걷고 있는 길에서 혹시라도 넘어졌다면 다시 일어서십시오. 하나님은 당신이 넘어진 그 순간마저 사용하십니다.

서강대 명예교수이자 미국 칼빈대 교수이며 한동대학교 석좌교수이신 강영안 교수님은 "질문은 말의 행위이며, 말은 세계를 구성한다"라고 말했습니다. 하나님의 말씀으로 세상이 창조되었듯, 인간도 질문을 통해 자신의 세계를 열어갑니다. 예컨대 "네가 어디 있느냐"(창 3:9)라는 하나님의 첫 질문은 정죄가 아니라 회복을 위한 부르심이었습니다. 예수님도 제자들에게 "무엇을 구하느냐?"(요 1:38)라고 물으십니다. 그것은 단순히 정보를 묻겠다는 것이 아니라, 마음을 열고자 하는 사랑의 질문이었습니다. 이 질문은 오늘 우리에게도 이어집니다.

"나는 왜 아직도 세상을 바꾸지 못하고 있는가?"

이 물음은 세상을 바꾸자는 외침 이전에, 하나님 안에서 나 자신이 먼저 변화되라는 부르심입니다. "세상을 변화시킬 수 있는가, 변화시킬 수 없는가?"라는 질문은 우리 존재의 깊이를 건드리는 신앙적 질문이며, 변화의 여정을 열어주는 열쇠입니다.

우리가 그리스도 안에 거할 때, 생명의 열매는 우리를 통해 맺힙니다. 요한복음 15장에서 예수님은 "나는 포도나무요 너희는 가지다"라고 하셨습니다. 열매는 가지에 맺히지만, 그 생명은 포도나무에서부터 흘러옵니다.

아우구스티누스는 말했습니다.

"나는 나 자신에게 하나의 큰 질문이 되었다."

우리가 던져야 할 질문은 세상에 대한 항의가 아니라, 자신에게 던지는 깊은 성찰입니다.

하나님 나라는 결코 멀리 있지 않습니다. 우리가 하루하루 말씀 안에 거하고, 사랑을 연습하고 인격을 다듬을 때, 하나님의 나라는 그곳에서 시작됩니다. 그러므로 우리에게 주어진 사명은 분명합니다. 세상을 밝히는 빛으로서 살아가는 것입니다. 넘어지고 흔들리며, 질문하고 다시 일어서면서…. 이 모든 여정이 곧 '세상을 바꾸는 삶'입니다.

　당신도 그 여정을 걷고 있습니다.

　지금 당신의 걸음이 이미 세상을 바꾸고 있습니다.